蒙以養正聖功也

顏真卿

出自《周易·蒙卦》（集自颜真卿碑帖）

中华优秀传统文化与德育教育创新系列丛书

中华十德

国学经典情境体验教育系列读本 卷十二

主编 李若缘 岳红云

中国人民大学出版社
·北京·

图书在版编目（CIP）数据

中华十德国学经典情境体验教育系列读本．卷十二／李若缘，岳红云主编．—北京：中国人民大学出版社，2017.1

ISBN 978-7-300-23723-7

Ⅰ．①中…　Ⅱ．①李…　②岳…　Ⅲ．①中华文化－小学－教学参考资料　Ⅳ．①G624.203

中国版本图书馆 CIP 数据核字（2016）第 285659 号

中华优秀传统文化与德育教育创新系列丛书

中华十德国学经典情境体验教育系列读本　卷十二

主编　李若缘　岳红云

Zhonghua Shide Guoxue Jingdian Qingjing Tiyan Jiaoyu Xilie Duben　Juan Shier

出版发行	中国人民大学出版社		
社　　址	北京中关村大街 31 号	**邮政编码**	100080
电　　话	010－62511242（总编室）		010－62511770（质管部）
	010－82501766（邮购部）		010－62514148（门市部）
	010－62515195（发行公司）		010－62515275（盗版举报）
网　　址	http://www.crup.com.cn		
经　　销	新华书店		
印　　刷	涿州市星河印刷有限公司		
规　　格	185mm×230mm　16 开本	**版　　次**	2017 年 1 月第 1 版
印　　张	15.5	**印　　次**	2017 年 1 月第 1 次印刷
字　　数	156 000	**定　　价**	35.00 元

中华十德国学经典情境体验教育系列读本 卷十二

编委会

弘揚中華文化傳承民族美德

弘扬中华文化 传承民族美德

党的十八大以"两个一百年"作为奋斗目标铸就"中国梦"。习近平主席提出，要从中华优秀传统文化中汲取丰富的营养，形成极具生命力和影响力的社会主义核心价值观。

为帮助中、小学了解和掌握国家关于开展中华优秀传统文化经典教育的政策和新趋势，交流新经验，解决国学学什么？怎么学？国学教什么？怎么教？等问题，"中华十德国学经典情境体验"教育项目教研中心特别成立了《中华十德国学经典情境体验教育系列读本》编写委员会，在两岸学术名家和权威名师的指导下，历时数年，研发了全系列教学讲义。以全人教育（健全品格教育）与全息教育（内容涵盖经、史、子、集）为特色，旨在促进文化传承、品格塑造。经典解析力求学术纯正、内容系统。

作为由中国人民大学国学院提供学术支持的教育项目，该项目的核心课程"中华十德国学经典情境体验教育"已成为多所国学经典教育试验学校和示范学校的国学经典、品德教育校本课教材。本课程在教学实践过程中，获得各学校师生及家长的一致好评。本套读本中《论语》等部分经典解析出自台湾大学哲学系傅佩荣教授的《傅佩荣经典译解系列图书》，在此特向傅佩荣教授热心提供学术支持深致谢意！近年来，教研中心与各合作学校共同发起成立了中华十德国学经典教育学校联盟，我们携手两岸三地国学名家，为建立学术合作的中、小学提供了国学经典教育优秀教师系统培训计划。

为了全面提升国学经典教育优秀教师的课堂教学，熟悉经典教育的教学步骤和方法，应各校要求，编委会编著了本套系列读本。在国学名家、当代家庭教育专家、儿童和青少年心理学专家学术指导下，我们精心设计研发了兼具趣味性、参与性、体验性和实用性的本套读本。力求通过系统的体验学习，使儿童和青少年发自内心地体会到中华优秀传统文化对品格塑造和人文素养提升的重要性，掌握为人处世、沟通交流、观察思考、应变应对、独立自理等技能常识，并运用到日常生活中，同时拥有自信谦恭、坚定坚持、学习励志、尊老敬贤、仁爱爱人的传统美德，成为具备良好德行的社会英才。

中华民族必将在传统文化精华的基础上创造出我们时代的璀璨新文化。昌明学术，接续文脉。我们致力于为中华优秀传统文化的未来发展做出自己应有的贡献。

《中华十德国学经典情境体验教育系列读本》编写委员会

2016年3月

目录

中华十德

弘扬中华文化　传承民族美德

仁	博爱宽恕之道	**义**	明宜守正之道
礼	律己敬人之道	**智**	知己识人之道
信	诚己信人之道	**忠**	立人达人之道
孝	怀德感恩之道	**廉**	品行方正之道
耻	自尊荣誉之道	**勇**	自强果敢之道

昌明学术　接续文脉

第一单元

周穷济急即为

范仲淹救荒

北宋时期，吴中发生大饥荒，饿死者的尸体遍布于道路。当时范仲淹主政浙西，他一边下令调发国库的粮食，一边募集民间钱物来赈济灾民，救荒之术很是完备。吴中百姓喜欢赛龙舟，爱作佛事。范仲淹就鼓励民间力量多办赛事，并召集各寺院的主持、僧人，告谕他们说："灾荒年间民工工价最为低廉，可以趁此时机大力兴建土木工程。"于是各个寺院都大力修建佛事工程，扩大寺院规模。官府也翻修仓库和官吏住所，每天雇役一千多人。那些从事贸易、饮食行业的人，以及工匠、民夫，依靠给寺院、官府干活而养家糊口的，每天大概可达几万人。这些救济灾荒的措施，在遇到灾年时是非常奏效的。那一年两浙灾区唯有杭州平安无事，百姓没有流亡之患，全赖范仲淹之功。

品格修养

周穷济急即为仁

【释析】“周穷济急”就是帮助穷迫或有急难的人，这是实践仁德的行为。

人物链接 清·郑板桥

人物简介

郑板桥（1693—1765），原名郑燮[xiè]，号板桥，清乾隆元年（1736）进士，以画竹兰为长。

精神传承

衙斋卧听萧萧竹，疑是民间疾苦声。些小吾曹州县吏，一枝一叶总关情。

——清·郑板桥《潍县署中画竹呈年伯包大中丞括》

郑板桥开仓济民

郑板桥曾经在范县担任县令，他爱百姓就像爱自己的子女一样，坚决不受贿赂，案件处理很快，从不积压。他闲暇时经常和文人墨客们喝酒颂诗，甚至有时都忘了自己是当官的人。郑板桥后来被调任到潍县做官，恰逢荒年，百姓中出现了人吃人的恐怖现象，他就打开官仓发放粮食来赈济灾民。有人阻止他，郑板桥说："这都什么时候了，如果向上申报，百姓怎能活命？皇上怪罪下来，所有罪名，我一人承担。"他命人立即把粮食发放给百姓，使上万人得以活命。期满离任的时候，潍县的百姓都沿路为他送行。

郑板桥辞职后，"一肩明月，两袖清风"，只带着一条黄狗、一盆兰花。从此隐居乡野，以卖字画为生。

追根溯源

甲骨文

金文

小篆

隶书

周，密也。从用口。

——《说文解字》

【本　义】稠密；周遍。

【引申义】牢固；亲密。

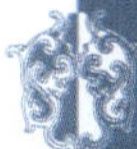

成语导读

急人之困

（赵）胜所以自附为婚姻者，以公子之高义，为能急人之困。

——司马迁《史记·魏公子列传》

【释义】迫不及待地去解决别人的困难。

赵胜所以和您家缔结婚姻，是因为公子（信陵君）您能够崇尚正义，迫不及待地去解决别人的困难。

【找一找】下面的成语，哪些是“急人之困”的近义词？哪些是“急人之困”的反义词？

扶危济困	仗义疏财	雪中送炭
趁火打劫	落井下石	隔岸观火

论语

子华使于齐，冉子为其母请粟。子曰："与之釜。"请益。曰："与之庾。"冉子与之粟五秉。子曰："赤之适齐也，乘肥马，衣轻裘。吾闻之也：君子周急不继富。"

——《雍也》

【译文】公西华奉派出使齐国，冉有替他的母亲申请小米。孔子说："给他六斗四升。"冉有请求增加一些。孔子说："再给他二斗四升。"结果冉有给了他八百斗。孔子说："赤到齐国去，乘坐的是肥马驾的车，穿的是又轻又暖的棉袍。我听人说过：君子济助别人的穷困，而不增加别人的财富。"

【解读】

子华：公西赤，字子华，鲁国人，小孔子 42 岁。釜 [fǔ]、庾 [yǔ]、秉 [bǐng]：都是古代量器。孔子的原意是表示馈赠，所以给的不多，而冉有所给的却是相当于一年的薪资。当时孔子可能是担任鲁君的顾问，冉有负责出纳之职。

原思为之宰，与之粟九百，辞。子曰："毋！以与尔邻里乡党乎！"

——《雍也》

【译文】原思担任孔子家的总管，孔子给他小米九百斗，他不肯接受这么多。孔子说："不要推辞！多的可以济助家乡的穷人啊！"

【解读】

原思：原宪，字子思，小孔子 36 岁。此事应发生在孔子担任鲁国司寇之时，因为大夫之家可以任用家臣。原思当时未满 20 岁。邻：5 家为邻，25 家为里，500 家为党，12 500 家为乡。

子曰："如有周公之才之美，使骄且吝，其余不足观也已。"

——《泰伯》

【译文】孔子说："即使一个人才华卓越有如周公，如果他既骄傲又吝啬，其他的也就不值得欣赏了。"

【解读】

才：才华是天赋优点，善加发挥可以成己成物。但是，如果因此而骄傲自大，又吝于关怀别人，就不值一顾了。

菜根谭

费千金而结纳贤豪，孰若倾半瓢之粟，以济饥饿之人；构千楹而招来宾客①，孰若葺数椽之茅②，以庇孤寒之士。

【注释】①楹 [yíng]：屋一间为一楹。②葺 [qì] 数椽 [chuán] 之茅：以茅草覆盖屋子为葺，屋一间为椽。

【译文】与其花费千金结纳贤豪之士，还不如拿出半瓢小米来救济那些饥饿无依的人；与其建造千间大屋来招揽宾客，还不如盖几间茅草屋来庇护那些穷苦的读书人。

丙寅岁寄弟侄

清 · 王夫之

天下甚大，天下人甚多，富似我者，贫似我者，弱似我者，千千万万。尚然弱者不可妒忌强者，强者不可欺凌弱者，何况自己骨肉。有贫弱者，当生怜念，扶助安生；有福强者，当生欢喜心，吾家幸有此人撑持门户。

【作者简介】

王夫之（1619—1692），明末清初思想家，今湖南衡阳县人，字而农，号姜斋。他晚年隐居在衡阳金兰乡石船山附近著书立说，学者称之为“船山先生”。他与黄宗羲、顾炎武并称为明末清初的三大思想家。

【译文】天下很大，天下人也很多，和我们家族一样富贵贫弱的人也有许多。天下之人尚且贫弱的不嫉妒富贵的，富贵的不欺凌贫弱的，更何况是自家骨肉兄弟呢？有贫弱无依的，应当去怜悯他，尽力帮他，使其安生；有富贵多福的，也应当心生欢喜，庆幸家族里有这样的人支撑起了门户。

杏林春暖

《太平广记》里记载了这样一个故事：三国时，吴国侯官（今福建长乐市）人董奉，是一位医术高明的医生。传说他为人治病从不收钱，但却有这样一个原则：凡是重病被治愈的，要在董奉居住的山上种五棵杏树；轻病被治愈的就种一棵。久而久之，董奉居住的山上已经长满了十万多棵杏树，俨然成了个树林子。每年杏子熟的时候，都会有人前来买杏，董奉并不收钱，他只是在杏林中修建了一个谷仓，让人们用谷物来换。用杏子换来的谷物，董奉又把它们拿出来，用来赈济那些穷苦百姓或者没有盘缠的商旅。

有人为了表达感谢之情，就写了个“杏林春暖”的条幅挂在董奉的家门口。后来，“杏林”一词逐渐成了中医药行业的代名词，许多中医药店也常用“杏林春暖”作为匾额。

典故解析

以德行仁者王[wàng]，以力假仁者霸。

——《幼学琼林 · 朝廷》

【译文】以仁义道德来治理天下的人可以称王，假借仁义而用武力来征服天下的人可以称霸。

【典故背景】

《孟子 · 公孙丑》中有关于王道、霸道的论述。凭借道德施行仁义的人可以称王治天下，这是王业；凭借武力假托仁义的人可以称霸诸侯，这是霸业。以力服人，别人不能心服口服；以德服人，大家才能心悦诚服。

丰对俭，等对差。布袄对荆钗。
雁行对鱼阵，榆塞 [sài] 对兰崖。
挑荠 [jì] 女，采莲娃。菊径对苔阶。
诗成六义备，乐奏八音谐。

——《声律启蒙 · 九佳》

【找一找】

1. 文中隐含了哪些季节？请把它们指出来。

2. 文中有一个韵脚字的读音古今不同，你能找出是哪个字吗？

【名联赏析】

日月两轮天地眼；
诗书万卷圣贤心。

——朱熹题江西庐山白鹿洞书院

朱熹是北宋以来理学思想的集大成者，他对古代经典重新作了整理与解释。上联以日月作喻，将炽热发光的太阳和洁白明亮的月亮喻为天地两只清澈的眼睛，时刻注视着人们的视听言动。因此，做人就要顺天理，去贪欲，襟怀坦白，光明磊落。下联所指的圣贤，乃道德才能极高之人，经书诗文则是圣哲先贤的智慧结晶。联语劝导人们只有善读万卷诗书，才能领悟圣贤之心，净化心灵，顺应自然，修身养性，达到所期望的圣贤境界。

何谓律诗

律诗发源于南朝，成熟于中晚唐时期。中国古代诗歌体裁大体完备于唐代。当时，新出现了格律限制严格的诗歌体裁，被称为“近体诗”；而把唐代以前格律限制较松散的诗歌体裁统称为“古风”。后人沿袭唐人说法，把唐代以前的乐府民歌、文人诗，以及唐代以后文人仿照它的体式而写的诗歌，统称为“古体诗”。按照诗句的字数，有四言（如《诗经》）、五言（如汉乐府诗）、七言（如曹丕《燕歌行》）、杂言（如李白《蜀道难》）等。

古风（古体诗）的押韵、格律自由度高。近体诗分为两种，一种是“绝句”，每首诗固定四句；一种就是“律诗”，每首诗八句；超过八句的统称为“排律”或“长律”。以每句字数划分，又分为“五律”与“七律”。

律诗的特点是格律极严，有如下之法曰：篇有定句、句有定字、韵有定位、字有定声、联有定对。“篇有定句”是指律诗有固定的句数；“句有定字”是说每句字数是固定的；“韵有定位”是说押韵的字位置固定；“字有定声”是说诗中安排各字的读音必须符合该位置固定的平仄要求；“联有定对”是说律诗中间的两联必须对仗工整。由此可见，律诗是汉族文学的宝贵财富，具有重要的文学意义。

贫交行[①]

唐·杜甫

翻手为云覆手雨[②]，纷纷轻薄何须数。

君不见管鲍贫时交[③]，此道今人弃如土[④]。

【注释】①选自《全唐诗》，上海古籍出版社，1986 年版。②覆：颠倒。③管鲍：指管仲和鲍叔牙。④弃：抛弃。

【译文】

得意之时如云而聚，失势之时如雨散去。

所谓友情，情义基础太过薄弱，令人不屑一提！

且看古人仰慕管仲、鲍叔牙交情深厚，贫富不移。

这种情义，今人弃之如粪土！

【诗在说什么】

此诗约作于唐玄宗天宝年间，诗人杜甫困守京华，饱经世态炎凉、人心反复之苦，愤有此作。

“翻云覆雨”，诗词开篇即已道明当下之人情冷暖。“天下熙熙，皆为利来；天下攘攘，皆为利往。”因利而聚，必会利尽而散。

尽管心照不宣，但世人仍喜用“交情”一词来为自己遮羞，这于诗人而言，根本不屑一顾。那么，他所看重的情义又是什么？

答案就是管鲍之交。管仲困顿之时，鲍叔牙屡伸援助之手：管仲爱占小便宜，鲍叔牙不以为意；管仲择主有误，鲍叔牙将其荐于君前。最终成就了齐桓公的霸业，也施展了管仲的才华与抱负！如此深情厚谊，今人却视之如粪土，弃之如草芥！

寥寥四句，道尽人心不古、世态炎凉，真可谓“语短而恨长”！

【想一想】

1.“翻手为云覆手雨”，分别指世人相交过程中的哪两种状态？

2.“趋炎附势”与“周穷济急”，哪种行为更符合“君子之风”？谈谈你的理解。

【学以致用】

除本诗提及的“管鲍之交”，关于古人友情深厚的典故，你还知道哪些？请举出一例。

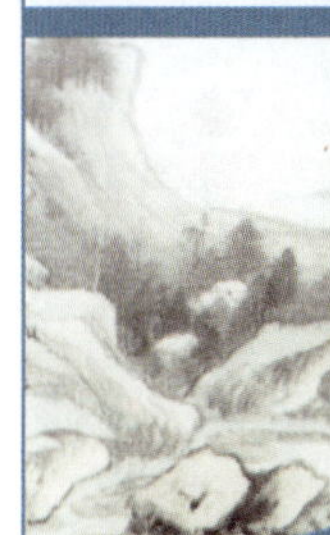

前言后语

【玩法】

1. 学生做好赛前准备，小组抽签决定从哪一组开始比赛。

2. 抽签结束后，从该组第一个同学开始，随意说出一个简单、规范的词。

3. 下一组的第一个同学以上一词的最后一字为下一词的第一个字组词，以此类推，不能成功组词或反应较慢者为失败。

4. 失败学生表演节目后，游戏继续进行，同时失败者不再参与游戏。

5. 如时间允许，最后留存者为最终胜利者。

【思考】

1. 如何才能快速组成词语？

2. 如果把词语接龙改为成语接龙，你还能顺利承接吗？

【启示】

在日常生活中，要有意识地扩充词汇量，加强日常学习中的词语积累，以免用时“穷急”“周济”不及；还要训练比赛心态，唯有平心静气才能发挥出最好水平。

年糕的传说

据说年糕是从苏州传开的。它的由来有这样一个传说：春秋时期的伍子胥为报父仇投奔了吴国，他帮助吴王阖闾使国家富足强大，成了吴国一等一的功臣，并受封于申地。为防侵略，吴王令伍子胥主持修建了著名的“阖闾大城”。

传说城建好后，上至吴王、下至百姓都很高兴，唯有伍子胥闷闷不乐。他私下对亲信说：“大王喜而忘忧，恐怕不会有好结果；而我多年来为了国家兢兢业业，结怨太多，只怕也不会善终。我死后如果国家有难百姓受饥，在相门城下掘地三尺就可找到食物充饥。”阖闾死后，夫差继位，他多次拒绝伍子胥的忠告，听信谗言，最终逼迫伍子胥自刎身亡。

伍子胥去世后不久，越国勾践兴兵伐吴，吴国都城被困，城内民众断粮，饿殍[piǎo]遍野。当此危难之时，人们想起了伍子胥生前的嘱咐，便暗中从城门向下挖，最后惊奇地发现，城基下有无数大块的糯米被蒸熟后压制而成的砖石。原来，伍子胥在建城的时候就预先制作了这些可以保存很久的糯米砖，储备在城基之下当作救急的备荒粮。这些糯米砖被挖出后，敲碎、蒸熟，众人分食，活人无数。

至今，长江南北、黄河两岸，无数人用糯米粉制成糍粑、年糕食用，不仅仅因为“年糕”有“年高”的祝福，也是为了纪念心怀众生的伍子胥。

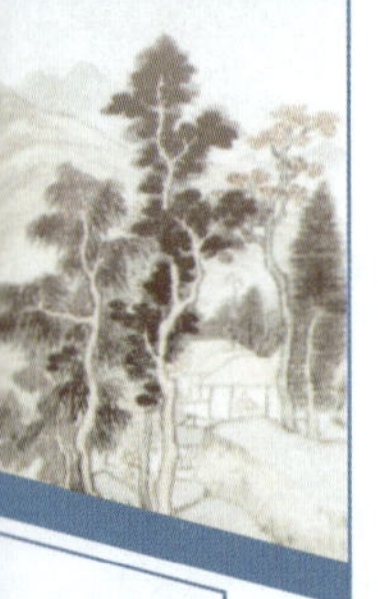

第二单元

急贤尚友即为

羊左之交

战国时期的左伯桃有治世之才，可是年近四十仍然功不成名不就。听说楚王招贤纳士，他就冒着风雪严寒奔向楚国，途中求宿于羊角哀，受到热情接待。当夜，两人同卧而眠，共谈胸中学问，十分投机。第二天，他们决定结伴一同前往楚国求功名。谁知天公不作美，风雪交加，他们身上衣服单薄，盘缠用尽，干粮也所剩无几了。在这种情况下，左伯桃想：两个人都去楚国，因饥寒交加，谁也不能活着到达；如果一个人单独去，或许还有一丝希望。于是，左伯桃就把衣服脱给羊角哀，逼他独自前行。羊角哀坚决不肯，也要脱下衣服给左伯桃，让他独自去楚。两人争执不下，左伯桃以自杀相胁，虽被羊角哀拦下，但此时已被冻得奄奄一息了。如果再耽搁下去，羊角哀也会冻死，那么谁来埋葬左伯桃呢？想到这里，羊角哀只得取了衣粮，怀着无限的悲痛离去了。

到了楚国，羊角哀向楚王献上富国强兵的良策，由此得到了高官厚禄的赏赐。然而羊角哀却向楚王告辞了，他回到左伯桃冻死之处，埋葬了他的尸体。羊角哀感于“脱衣共粮”的真情往事，自刎而死，后被人葬于左伯桃的墓旁。

品格修养

急贤尚友即为义

【释析】成就德业，除了要真诚实在，“择善固执”，还应“急贤尚友”。所谓“急贤尚友”就是用心结交一些可以互相帮助、共同进步的朋友。

人物链接 东汉·朱晖

人物简介

朱晖，字文季，南阳人。他是出身望族的名吏。

自战国豫让、聂政、荆轲、侯嬴之徒，以意气相尚，一意孤行，能为人所不敢为，世竞慕之。

——清 · 赵翼《廿二史札记》

情同朱张

东汉时期，南阳（今河南南阳）有两个人，一个叫朱晖，一个叫张堪。起初二人并不相识，后来一起到太学做了同学才逐渐熟悉起来。

当学业有成，要各回各家的时候，张堪突然对朱晖说 ：“假如我有一天因病死去，请你务必照顾我的妻儿。”朱晖拱手但没有应承。因为当时他们身体都很好，朱晖就没把张堪说的话当回事儿。但是他俩分开以后不久，张堪就真的英年早逝了，留下妻子和儿子，生活得非常艰难。这个消息传到了朱晖的耳中，朱晖就不断给张堪的家里提供资助，年复一年地关心照顾他们母子。

朱晖的儿子非常不解，他问父亲 ：“您过去和张堪不是深交，来往也不密切，怎么对他的家人如此关心呢？”朱晖回答道 ：“是的，过去我和张堪不是深交，来往也不算密切，但是张堪在生前曾将他的妻儿托付于我。他为什么托付给我，而不托付给别人呢？因为他信得过我，我怎么能够辜负这份信任呢？”

追根溯源

金文

小篆

隶书

楷书

尚，曾也。庶几也。从八，向声。

——《说文解字》

【本　义】增加。

【引申义】尊崇；崇尚。

见贤思齐

子曰："见贤思齐焉，见不贤而内自省也。"

——《论语·里仁》

【释义】 贤：德行高尚的人。看到德行高的人，就想学得与他一样。

孔子说："看见德行卓越的人，就要想怎么努力像他一样；看到德行有亏的人，就要反省自己是否也犯同样的毛病。"

【找一找】

下面的成语，哪些是"见贤思齐"的近义词？哪些是"见贤思齐"的反义词？

见德思齐	志同道合	力争上游
沆[hàng]瀣[xiè]一气	同恶相济	不相为谋

论语

子曰："里仁为美，择不处仁，焉得知？"

——《里仁》

【译文】

孔子说："居住在民风淳厚的地方是最理想的。一个人不选择民风淳厚的地方作为自己的住处，怎么算得上明智呢？"

【解析】

仁：民风淳厚，这是许多人走在人生正途上呈现出的效果。就个人而言，"仁"为"真诚的心意"；人与人以真诚的心意来往，整个社会就会形成淳厚的风气。美：兼具道德含义与审美评价，肯定其为合宜适当，这就是"最理想的"。

子曰："三人行，必有我师焉：择其善者而从之，其不善者而改之。"

——《述而》

【译文】

孔子说："几个人一起走路，其中一定有我可以效仿的：我选择他们的优点来学习，看到他们的缺点就警告自己不要学坏。"

【解析】

"三人"是指少数几个人。意思是处处留心皆学问。

孔子曰："益者三友，损者三友。友直，友谅，友多闻，益矣。友便辟，友善柔，友便佞，损矣。"

——《季氏》

【译文】

便[pián]辟：谄媚逢迎。便佞[nìng]：巧言善辩。孔子说："三种朋友有益，三种朋友有害。与正直的人为友，与诚信的人为友，与见多识广的人为友，那是有益的；与谄媚逢迎的人为友，与刻意讨好的人为友，与巧言善辩的人为友，那是有害的。"

孔子曰："见善如不及，见不善如探汤。吾见其人矣，吾闻其语矣。隐居以求其志，行义以达其道。吾闻其语矣，未见其人也。"

——《季氏》

【译文】

孔子说：“看到善的行为，就好像追赶不上；看到不善的行为，就好像伸手碰到滚烫的水。我见过这样的人，也听过这样的话。避世隐居来磨炼他的志节，实践道义来贯彻他的理想。我听过这样的话，但不曾见过这样的人。”

【解析】

志节，需要磨炼与持守。隐居时，人可能会放弃志节。理想，人有机会入世实现抱负时，能够坚持道义原则吗？能够坚持原有的理想吗？恐怕十分困难。这是孔子“未见”这种人的原因。

菜根谭

千载奇逢[1]，无如好书良友；一生清福，只在碗茗炉烟[2]。

【注释】①千载奇逢：形容十分难得的遭遇。②茗：茶。

【译文】

世间最难得的，莫过于遇见有助于自己成就德行的书和朋友；人一辈子清闲安逸的福气，其实只在一碗茶、一炉香中。

朱子家训

南宋·朱熹

有德者，年虽下于我，我必尊之；
不肖者，年虽高于我，我必远之。

【作者简介】

朱熹（1130—1200），字元晦，一字仲晦，号晦庵、晦翁、考亭先生等。今江西省婺源人。南宋著名理学家、教育家，世称朱子，是孔子、孟子以来最杰出的儒学代表人物。

【译文】

有德行的人，即使年纪比我小，我一定尊敬他；品行不端的人，即使年纪比我大，我一定远离他。

刘濠焚屋

刘濠，字浚登，浙江青田人。南宋末年，刘濠在翰林院做掌书官。后来宋朝灭亡了，刘濠的同县人林融，组织起了一支义兵反元复国，但不幸起义失败了。元朝就派人把林融的同党记录下来，因此而牵连进去的人很多。差人路过刘濠家，就在他的家里寄宿。刘濠看见被牵连的人这样多，就想了一个计策，用酒把差人灌醉，又放了一把火，烧掉自己的房子，连名簿也烧毁了。差人没有办法，只得另造一本簿籍，许多受牵连的人因此得以幸免。后来刘濠的曾孙刘基辅佐明太祖朱元璋灭了元朝，建立明朝，被封为诚意伯。

典故解析

要知主宾联以情，须尽东南之美；
朋友合以义，当展切偲[sī]之诚。

——《幼学琼林 · 朋友宾主》

【译文】须知宾主之间以感情来联络，所以要集合东南诸地的名士；朋友是以道义来相交的，应该有切磋、勉励的诚意。

【典故背景】

王勃的《滕王阁序》中有“台隍[huáng]枕夷夏之交，宾主尽东南之美”一句，意为主人和宾客都是东南地区的优秀人物。

《论语·子路》一篇中有“朋友切切偲偲”之句，省略为“切偲”，为切磋、勉励的意思。

造律吏哀秦法酷，知音人说郑声哇。
天欲飞霜，塞上有鸿行已过；
云将作雨，庭前多蚁阵先排。

——《声律启蒙 · 九佳》

【找一找】

1. 文中描写了哪些特指的地点？

2. “天欲飞霜”和“云将作雨”只是在描写天气吗？其实还暗指了什么？

【名联赏析】

结庐人境；
伐檀[tán]**河干。**

——黄遵宪作于江西

黄遵宪，清代梅县人，字公度，光绪年间举人，官至湖南按察使，曾出任清政府驻日本、英国、美国等国家的大使。黄氏工诗，著有《日本国志》《日本杂事诗》《人境庐诗草》等。此联的上联从陶渊明“结庐在人境”的诗句演化而来，令人联想到“无车马喧”的幽静环境。这是读书治学的好去处，也暗中言喻学子生活于人间，要脚踏实地。下联则从《诗经 · 国风》中《伐檀》一诗开头的“坎坎伐檀兮，寘之河之干兮”压缩而成，意在策励学子要把所学知识应用于社会实践。黄氏罢归后，在家乡建造宅居，名曰“人境庐”，足见他对“结庐在人境”诗句之认同。

律诗之美

中国古典诗词的特点之一便是“情动于中而形于言”。以美好的文字将外界的景物与内心的感动连接起来而有了诗的创作；所创作出来的诗能够打动他人，让人不自觉地去讽咏、传唱，又有了诗的流传。南北朝钟嵘的《诗品序》曰：“气之动物，物之感人，故摇荡性情，形诸舞咏”，就是持这种观点。天地间阴阳二气的运行感动了万物，万物的生长变化又感动了人心，引起人的性情摇荡，而借以表现这种感动和摇荡的最好方式就是诗歌。律诗就是在这一基础上，愈发强调诗词的格律及韵律感，在意境美的同时强化了音韵美。

唐代杜甫经历了“安史之乱”，历经千辛万苦后到达朝廷的临时所在地，痛定思痛之际创作了《喜达行在所三首》。其一是：

西忆岐阳信，无人遂却回。
眼穿当落日，心死著寒灰。
雾树行相引，连山望忽开。
所亲惊老瘦，辛苦贼中来。

这次叛乱，唐肃宗逃至长安西边的岐阳，诗人用特别朴实的言语和极其工整的词句，表达了自己忧国忧民的深切哀思，这种情感尤为难得。诗中“眼穿”对“心死”，“落日”对“寒灰”，“雾树”对“连山”，“行相引”对“望忽开”，对偶之处完全看不到雕琢的痕迹，非常自然、真切，感情表达也非常诚挚。

寄韩潮州愈[1]

唐·贾岛

此心曾与木兰舟[2]，直到天南潮水头[3]。
隔岭篇章来华岳[4]，出关书信过泷流[5]。
峰悬驿路残云断，海浸城根老树秋。
一夕瘴烟风卷尽[6]，月明初上浪西楼。

【注释】①选自《全唐诗》，上海古籍出版社，1986 年版。韩潮州愈：即唐代大文学家韩愈，时贬谪 [zhé] 为潮州刺史，故称韩潮州。②木兰舟：用木兰树造的船，常用为船的美称，非实指木兰所制。③潮水：河流名，今名韩江，流经潮州。④华岳：即西岳华山。⑤关：指蓝关。泷流：即泷水，自湖南流入广东，唐时称虎溪。⑥瘴 [zhàng] 烟：湿势蒸发而致人疾病的烟气。

【译文】

我心与君相随，共乘一叶木兰舟，直到遥远韩江的尽头。
君之诗作，翻山越岭传至华山；吾之书信，行出蓝关与泷流。
流云片片，遮掩险峰驿站若隐若现；海浪滚滚，浸蚀棵棵老树。
总有一天，狂风会将瘴气扫净；到那时，明月朗照踱 [duó] 上西楼。

【词在说什么】

诗人贾岛，以“苦吟”著称，最有名的莫过于“推敲”故事，也因之与韩愈结下深厚友情。面对好友的不幸，他直陈心意：只愿与你共赴难，何惧艰难与险阻？

韩愈曰：“云横秦岭家何在？雪拥蓝关马不前”，前途渺茫，人生失意，溢于言表。贾岛即报以：“峰悬驿路残云断，海浸城根老树秋”。“残云”阻隔，隔不断我们的情义；“老树”悲秋，我自知你处境堪忧。深沉的关怀与思念，力透纸背。

韩愈曰：“好收吾骨瘴江边”，愤慨与悲伤，流于笔端。贾岛宕开一笔：“一夕瘴烟风卷尽，月明初上浪西楼”，乌烟瘴气，早晚会被狂风吹散；届时，乾坤朗朗，明月昭昭，自会将你的冤屈大白于天下！

人生得一知己，足矣！

【想一想】

1. 请写出韩愈的《左迁至蓝关示侄孙湘》全诗，可查阅相关材料。

2. “木兰舟”是实指吗？请说明理由。

【学以致用】

诗人认为，友人无辜遭贬谪的冤屈，总有一日会大白天下。表达这一情感的诗句是：________________，________________。

蹲跳接力

【玩法】

1. 根据学生情况进行分组，组内两两结合，并确定参赛顺序。

2. 根据抽签顺序决定跑道顺序。

3. 各组的参赛组合肩并肩、手挽手蹲于起点。

4. 比赛开始，选手蹲跳至终点后，各组下一对选手进行比赛，以此类推。

5. 比赛过程中，选手挽手不可分开，分开即返回起点重新进行。

6. 率先完成比赛的组获胜。

【思考】

1. 两人挽手跳跃与一人单独跳跃有何不同？

2. 如何才能协调行进而非相互掣 [chè] 肘？

【启示】

“朋友之义”在竞赛中就是相互支持、相互帮助；“义”在现代的体现就是团队精神。

“三悦”与“九客”

宋朝沈括曾记叙自己独得其乐的幽居生活：“渔于泉，舫于渊，俯仰于茂木美荫之间；所慕于古人者，陶潜、白居易、李约，谓之‘三悦’，与之酬酢[zuò]于心；目之所寓者，琴、棋、禅、墨、丹、茶、吟、谈、酒，谓之‘九客’。”“三悦”与“九客”代表了隐逸于山林草泽之间的文人墨客那种恬淡悠然的气质。

“三悦”中的陶潜就是陶渊明；李约是唐德宗初年宰相李勉之子，他一生淡泊名利，清心寡欲，终日与书法名画为伴，弹琴煮茗。据此可知，沈括本人便十分具有古代贤士大夫的风骨，内心安于归隐山林的田园生活，实际他也是这样做的。沈括在京口（今镇江）购置了园圃，把周遭环绕的水脉命名为“梦溪”，他晚年就在梦溪园创作了后来被西方世界誉为“中国科学史的里程碑”的《梦溪笔谈》。

古代的读书人，即便过着深居简出的生活，也不会停止德行的培养和学问的精进。即便不出仕为官，依然十分留意对朋友的甄选以及对生活品味的修养，因此许多有名的隐逸之士依然“谈笑有鸿儒，往来无白丁”。比如蒋诩、陶潜，再比如杨万里、沈括……这些真正了解自己内心需求的人，在留下动人作品或惊世巨著的同时，仍保留了那一份心向南山的悠然。

第三单元

循规守章即为礼

孔鲤过庭

孔鲤是孔子的儿子，和孔子的弟子们一起跟着孔子学习。

一天，孔子独自一个人站在庭院里，正好孔鲤走过来，孔子便问道：“你学了诗没有？”孔鲤回答：“还没有。”孔子说：“那你应该好好去学，不学好诗，就不善于表达自己的思想。”孔鲤听了，就回去苦读诗。又有一天，孔鲤又碰到独自一人站在庭院中的父亲。孔子问：“你学礼了吗？”孔鲤老老实实地回答：“还没有。”孔子说：“那你回去好好地学礼，不学好礼，就不懂得立身做人的道理。”于是，孔鲤又回去认真地学习礼。

孔子的弟子中有个叫陈亢[gāng]，他两次都看到孔鲤和孔子单独在一起的情形，怀疑孔子对儿子有些什么特别的传授，便问孔鲤说：“你在你父亲那儿，得到过什么别人不知道的教导吗？”孔鲤回答说：“没有。两次我单独遇到父亲，一次要我好好读诗，一次要我好好学习礼。”

陈亢听了，高兴地说：“我问你一件事，却知道了三件事。一是要读诗，二是要学礼，第三是君子的心公正明朗、无所偏私。”

品格修养

循规守章即为礼

【释析】“循规守章”就是遵循一定的法度和规矩，这是对“礼”的实践。

人物链接 汉·秦彭

人物简介

秦彭，字伯平，扶风茂陵人。汉代循吏（良吏）。

人之所以履者何？礼之谓也。人有礼则生，无礼则死。

——北宋 · 司马光《易说》

秦彭以礼治郡

汉建初元年（76)，秦彭任山阳太守。他以礼义教育百姓，不用刑罚，推崇儒学，提倡教育。每到春秋季节习射的时候，他总是整顿上下级及宾主揖让的礼仪。他为百姓制定了四条训诫，用来确定父子、兄弟、夫妇、长幼之间的礼仪，对于遵守训诫奉行教化的人，就提拔他为乡“三老”（德行可以作为民众表率的长者)，在每年八月份送去酒肉作为勉励。官员犯了罪行和过错，只是免去其官职并打发走而已，不使其受辱。结果百姓都心怀仁爱，没有人互相欺骗或侵犯。每到农事季节，秦彭亲自测量土地的亩数，根据土地的肥沃和贫瘠 [jí] 划分为三等，分别记在公文簿上，将其收藏在乡府和县府，这样，奸猾的官吏便不敢妄为。秦彭又上书给朝廷，建议让全国都实行这种制度。皇帝采纳了他的建议，下诏书将他所列的条文，分发给三府，并且向州郡下达。

秦彭任职六年后，调任颍川太守，依然以礼治郡。皇帝对他的优遇也特别突出。

追根溯源

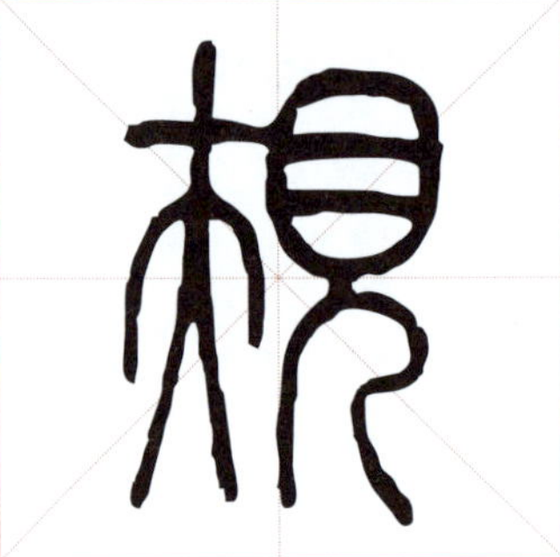

小篆

隶书

楷书

行书

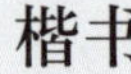

规，有法度也。从夫，从见。

——《说文解字》

【本　义】法度。

【引申义】谋求；谋划。

成语导读

循规蹈矩

循途守辙，犹言循规蹈矩云尔。

——南宋 · 朱熹《答方宾王书》

【释义】循、蹈：遵循，依照。规、矩：原指确定方圆的标准工具，借指行为准则。“循途守辙”，就是指谨遵礼法，不逾越法度。

【找一找】

下面的成语，哪些是“循规蹈矩”的近义词？哪些是“循规蹈矩”的反义词？

循途守辙	规行矩步	安分守己
随心所欲	轻举妄动	为所欲为

论语

孔子谓季氏，“八佾舞于庭，是可忍也，孰不可忍也！”

——《八佾》

【译文】季氏在家庙的庭前，举行天子所专享的八佾 [yì] 之舞。孔子评论这件事时，说：“这如果可以容忍，还有什么是不可以容忍的！”

【解读】

季氏：指季平子，名季孙意如，为鲁国当权卿大夫，曾把鲁昭公逐出国境，另立昭公之弟定公。定公即位时，孔子 43 岁。八佾：舞名，每佾 8 人，八佾 64 人，为天子所享之礼乐。诸侯六佾，大夫四佾，士二佾。季平子以大夫身份而僭用天子之礼乐，无异于礼坏乐崩，天下无道，所以孔子极为不满。此事发生于孔子 35 岁左右。

三家者以《雍》彻。子曰："'相维辟公，天子穆穆'，奚取于三家之堂？"

——《八佾》

【译文】鲁国三家大夫在祭祖典礼中，冒用天子之礼，唱着《雍》诗撤除祭品。孔子说："《雍》诗上有'助祭的是诸侯，天子庄严肃穆地主祭。'这两句话在三家的庙堂中怎么用得上呢？"

【解读】

三家：古代诸侯有国，大夫有家。鲁国的三家皆为鲁桓公的后代，又称三桓。桓公传位于庄公，另有庶子庆父、叔牙、季友，其后代分别称为仲孙（后改称孟孙）、叔孙、季孙。"孙"指其为桓公子孙。由于庆父与叔牙皆获罪而死，季友成为宗卿，可立桓公之庙。三家之堂即指桓公之庙。雍：引自《诗经 · 周颂 · 雍》。堂：根据古代庙制，室外为堂，堂外为庭。歌《雍》在堂，而舞佾在庭。

子贡欲去告[gù]朔之饩羊。子曰："赐也！尔爱其羊，我爱其礼。"

——《八佾》

【译文】子贡想要废除告朔之礼所供的活羊。孔子说："赐啊，你不舍得那只羊，我不舍得那种礼。"

【解读】

告朔：古代天子每年颁告诸侯历法，诸侯依其规定每月初一（朔）必须告朔于祖庙，以示尊君与上告祖先。到鲁定公、鲁哀公时，天子势衰，不行告朔，而鲁国官员还每月准备告朔礼所规定的活羊，所以子贡想要废除这种有名无实又浪费的活动。饩[xì]：祭祀用的活牲畜。羊是告朔礼的一部分，如果去掉，就等于告朔礼完全消失，而君臣之间的适当关系也就更为模糊了。孔子所不舍的原因即在此。

菜根谭

师古不师今，舍举世共趋之辙[1]；依法不依人，遵时豪耻问之涂[2]。

【注释】①共趋之辙：人们共同趋附的道路。②时豪：当时的达官显贵。涂：路途，做法。

【译文】

要学习古人的淳厚而不学今人的浮薄，从而舍弃世俗共同趋附的道路。依据国家律法而不攀附权贵，就是遵从达官显贵所不屑的做法。

训子语上

明 · 张履祥

事无大小，必有成法。循之，为力既易，终焉无敝；违之，为力虽劳，终必失之。

【作者简介】

张履祥（1611—1674），字考夫，明代桐乡（今属浙江）人，居杨园村，学者称“杨园先生”。他立身端正，躬亲农事，后专心研究程朱理学，著有《杨园全书》。

【译文】

事情无论大小，都有法度。循持法度则做起来容易，也不至有太大弊病；相反违背法度则费尽力气，最后反而招致过失。

情境剧场

晏子知礼

春秋时期，晏子奉命出使鲁国。等到晏子拜见鲁君的礼仪结束后，孔子向晏子问道："古礼规定，登阶之时依次而行，不可越级而上；朝堂之上，不可以急趋而行；接受圭[guī]璋时，不需下跪。而夫子您所为皆与此相反，如此合礼吗？"

晏子听了回答道："在两楹之间，国君与臣子各有固定的位置，君行一步，臣行两步。因为鲁君迅速登上，晏婴唯恐时间来不及，才越级而登。我在朝堂上急趋而行，以便能立即就位。之后国君授玉姿势过低，不得已，晏婴才跪下来，如此方能承接。况且，晏婴也曾听说，为人做事，只要能谨守大节，至于小节方面略有出入，也是没有关系的啊！"

晏子辞出后，孔子对自己的门下弟子们说："礼，贵在因时制宜，像这样不合常法的礼仪，唯有晏子才能行而有节啊！"

典故解析

九秋授御寒之服，自古已然；
三月上踏青之鞋，于今不改。

——《幼学琼林 · 岁时》

【译文】九月开始增加御寒的衣服，这习惯自古如此；三月份穿上新鞋子去踏青，此风俗至今不改。

【典故背景】

九秋指秋季的90天，又指九月深秋。《诗经 · 豳风 · 七月》："七月流火，九月授衣"，夏历七月，大火星（星宿二）向西偏行，天气渐寒；夏历九月，露结为霜，丝麻已经收获，正好可以交给主妇，准备一家人冬天御寒的衣服了。

春日到野外郊游称为踏青。农历三月的第一个巳日称为"上巳节"，又称踏青节。古代妇女不可随意走出家门，"上巳"是女子可以出游的日子之一。各地风俗，女子在这一天要穿上新鞋子走出郊外，尽情领略自然的景色。魏晋时则将踏青节改为农历的三月三日，后世多与清明节合并，称清明为"踏青节"。

城对市，巷 [xiàng] 对街。破屋对空阶。
桃枝对桂叶，砌 [qì] 蚓对墙蜗 [wō]。
梅可望，橘 [jú] 堪怀。季路对高柴。
花藏沽酒市，竹映读书斋。

——《声律启蒙 · 九佳》

【练一练】

1. 想一想，为“竹映读书斋”重新拟一个对仗工整的上联。

【名联赏析】

合安利勉而为学；
通天地人之谓才。

——左辅题岳麓书院

左辅于清嘉庆二十五年（1820）任湖南巡抚，这副对联道出了他作为“老学长”对后世读书人的谆谆教导。上联语出《中庸》，意思是有的人安然自得地去实践天赋的善性，有的人看到有利才去实践，有的人勉强自己去实践，但不管如何，最终都是要使自己的人格得以完善。下联语出《易经》，表明世间的道理有天道、地道、人道，只有对这三种道理有了清晰的把握，才算成才。上下联一说成德，一说成才，对仗工整，一气呵成。

文学常识

律诗的表现力

一般说来，绝句不需要对偶，但律诗必须有对偶，在律诗中第三句和第四句是对偶，第五句和第六句是对偶。所谓对偶，是指名词对名词、动词对动词，词性要相同，而平仄则要相反。

但我们来看李白的《夜泊牛渚[zhǔ]怀古》：

牛渚西江夜，青天无片云。
登舟望秋月，空忆谢将军。
余亦能高咏，斯人不可闻。
明朝挂帆去，枫叶落纷纷。

完全不同于之前所提到杜甫的《喜达行在所三首》，李白这首诗不但对得不工整，且平仄也不完全对。比如第三句“登舟望秋月”，平仄不合格律，而且与第四句“空忆谢将军”的对仗也不工整。按照格律平仄相反的要求，第三句应该是“平平平仄仄”，根据诗歌的音节，第一个字和第三个字并不重要，重要的是第四个字，因为它是音节所在。但是李白却把它颠倒了，“登舟望秋月”是“平平仄平仄”，这种不合规律的情况在诗里叫作“拗句”。但是，李太白之所以是位天才的原因也正在于此，尽管《夜泊牛渚怀古》这首五言律诗中有词性、平仄不对的地方，但因诗意之境界高绝而堪称绝妙之作。

例如，“望秋月”和“谢将军”表面上看起来不对，但就情意的分量而言是平衡的：“望”是动词，“秋月”是宾语，“望秋月”是动宾结构；“忆”也是动词，“谢将军”也是宾语，“忆谢将军”也是动宾结构。李太白不受格律的拘束，但诗歌在情意的分量上取得了平衡，清人将其总结为“不以辞害意”。

节妇吟[①]

唐·张籍

君知妾有夫[②]，赠妾双明珠；

感君缠绵意，系在红罗襦。

妾家高楼连苑起，良人执戟明光里[③]。

知君用心如日月[④]，事夫誓拟同生死[⑤]。

还君明珠双泪垂，恨不相逢未嫁时。

【注释】①选自《全唐诗》，上海古籍出版社，1986 年版。节妇：能守住节操的妇女，特指对丈夫忠贞的妻子。吟：一种诗体的名称。②妾：古代妇女对自己的谦称，这里是诗人的自喻。③良人：旧时女人对丈夫的称呼。戟：一种古代的兵器。明光：汉代宫殿名，这里指皇帝的宫殿。④用心：动机，目的。如日月：光明磊落的意思。⑤事：服事、侍奉。拟：打算。

【译文】

您明知我已经有丈夫，还偏要送我两颗明珠。

心中感激您情意绵绵，将明珠系在短衫之中。

皇苑旁是我家的高楼，我丈夫守卫皇家宫殿。

虽然知道您心怀坦荡，但我已誓与夫君同患难。

还您明珠我泣涕涟涟，恨未能在出嫁前遇见您。

【词在说什么】

中唐以后，藩镇割据愈演愈烈，各地节度使为扩充实力，采用种种手段拉拢文人与官吏。张籍作为韩愈大弟子也在被拉拢的行列。但他与老师一样，力主国家统一；面对权臣李师道的招揽，写下这首《节妇吟》，以明心志。

“君知妾有夫，赠妾双明珠”，明知我心有所属——李唐王朝，还对我抛出橄榄枝，谴责之意蕴含其间。

继而话锋一转，“感君缠绵意”，便将您的礼物带在身边，看似有所动摇。紧接着，自陈“家中”富贵气象——大唐王朝气势恢宏；自述“良人”威武形象——李唐王朝如日中天。

至此，诗人以退为进：虽知晓您心怀坦荡，但我早已坚定信念，追随大唐；虽然您有厚礼相赠，但“富贵不能淫”，我唯有坚定拒绝。

诗作既成，据说李师道也颇为动容，遂不再勉强。此诗之功力，不容小觑。

【想一想】

1. 请简要分析“节妇”所喻指的人物形象特点。

2. “还君明珠双泪垂”，诗人拒绝权臣招揽时真的伤心难过吗？这样表达，有何益处？

【学以致用】

根据所学内容，将下列诗句补充完整。

1. ________________________，良人执戟明光里。

2. 还君明珠双泪垂，________________________。

身体模仿秀

【道具】

数字与字母抽签卡。

【玩法】

1. 根据学生人数进行分组，每组每轮选出一位选手参赛。

2. 参赛选手上场，抽签决定表演顺序及表演内容。

3. 选手模仿所抽到的数字或字母，就其形状进行形体表演。

4. 其他学生观察所选表演内容的特性，一轮结束后，组与组交替打分。

5. 以三轮为限，结束后各组统计得分，最高得分的组获胜。

【思考】

1. 不同学科各有不同的规则和规律，你是如何适应规则并把握规律的？

【启示】

所谓身体模仿，并不是简单机械地描摹；“循规守章”需要很强的适应性和灵活性，迅速适应“成法”，方能“为力不难”。

国学常识

翰林学士与翰林待诏

熟悉古典文化的人对“翰林”二字当不陌生。大名鼎鼎的李白常被称为“李翰林”，很多关于李白的介绍中也称其为“翰林学士”。其实，这是一种错误的叫法。

“翰林”之名汉代已有，本指文学之林，文翰荟萃之所。唐代开始作为官及官署名，《唐会要》称其“天下以艺能技术见召者之所处也”。由于各具技艺的人士以其专长而听候君主召见，故称“翰林待诏”。唐玄宗时，朝廷较多选用文学士人起草诏令，议论时事，称其为“翰林供奉”，并于翰林院之外别建学士院，选取文学水平较高的朝官充任翰林学士、入直内廷，随时宣召撰拟文字。翰林学士不授实职，且俸禄微薄，又没有外放官员可以收受的“地方孝敬”，却因为出身翰林而博文广识，又可时时得见君主参与议政而清贵异常，因此“翰林”也成了兼具学识与风骨、操守的文化精英人群的代表。为人熟知的历代名流，如唐朝的李白、杜甫，宋朝的苏轼、欧阳修、王安石、司马光，明初的宋濂、方孝孺，晚清的曾国藩、李鸿章，等等，皆是翰林中人。

北宋翰林学士承唐制，仍掌制诰。此后翰林地位渐低，然相沿至明清，拜相者一般皆为翰林学士之职。而李白一生都是“翰林供奉”“翰林待诏”，并不曾入学士院，因此可以称其为“李翰林”，却不能称其为“翰林学士”。如果李白曾为翰林学士，可以参与草拟诏书，决断国家大事，也就不会郁郁不得志，写下“总为浮云能蔽日，长安不见使人愁”的诗句了。

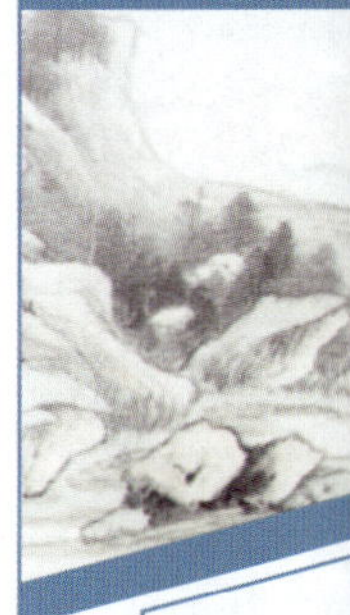

第四单元

知人识人即为

床头捉刀

曹操统一北方后，声威大振，各少数民族部落纷纷依附。匈奴派使者送来了大批奇珍异宝，使者请求面见曹操。曹操觉得自己长得不够威严，会损害国家的形象，就命外貌威武庄严的部下崔季珪 [guī] 假扮自己，接见使者，而曹操自己却拿着刀笔扮成侍者，站在崔季珪的坐榻 [tà] 旁边。等朝见完毕，曹操派人向匈奴使者打听他对魏王的印象。匈奴使者回答说："魏王看起来很有威严，确实不错；但是站在座榻旁边的那个捉刀人，才是真正的英雄啊。"曹操听完禀报，立刻派人追杀了匈奴使者。

古代的"捉刀人"即刀笔吏，写文字的人，也就是秘书、史官一类的记录员。这则出自《世说新语》的故事，表现了曹操的奸雄气象，也表现了匈奴使者慧眼识英雄的智慧。

品格修养

知人识人即为智

【释析】“知人识人”就是能够识别他人的优缺点，并在自身品德修养中有所借鉴。能够“知人识人”是有智慧的表现。

人物链接 西汉·韩信

人物简介

韩信（约前 231—前 196），淮阴人，西汉开国功臣，中国历史上杰出的军事家。

能任也，则不能让，所谓豪杰之士也，韩信、马援是已。

——清·王夫之《读通鉴论》

韩信拜将

秦末战乱，韩信投奔刘邦，但未被重用。后韩信多次与萧何谈论，为萧何所赏识。刘邦至南郑途中，韩信中途离去，被萧何发现后追回。

萧何向刘邦推荐说："大王如果能够重用韩信，他就会留下来；假如不能，他终究还是要跑掉的。"刘邦说："我因为你，让他做个将军。"萧何说："即使让他做将军，韩信也一定不会留下。"刘邦说："任命他做大将。"萧何说："很好！"于是刘邦想召韩信来授官。萧何说："大王一向轻慢无礼，现在任命一位大将，好像呼唤一个小孩子一样，这就是韩信走的原因。大王想授官给他，选择一个好日子，自己事先斋戒，建造土台和场地，按照任命大将的仪式办理，这样才可以。"刘邦采纳了萧何的建议，择选吉日，斋戒，设坛场，拜韩信为大将。后来韩信果然不负所望，在楚汉争雄中，帮助刘邦打败项羽，取得天下。

追根溯源

甲骨文

金文

隶书

楷书

师，二千五百人为师。从帀[zā]，从𠂤[duī]。

——《说文解字》

【本　义】古代军队编制的一级，以二千五百人为师。

【引申义】先生；老师；榜样。

成语导读

知人之明

功曹以祐倨，请黜之。太守曰：“吴季英有知人之明，卿且勿言。”

——《后汉书 · 吴祐传》

【释义】知：识别。明：睿智。有识别、拔擢[zhuó]人才的眼光及本领。

吴祐被推举为孝廉，郡功曹（官名，太守佐吏）认为吴祐倨傲无礼，请求太守罢黜他。太守说：“吴季英有识别人才的本领，你暂且不必多说了。”

【找一找】

下面的成语，哪些是“知人之明”的近义词？哪些是“知人之明”的反义词？

知人之鉴[jiàn]	知人善任	识才尊贤
有眼无珠	任人唯亲	有眼如盲

论语

子曰："视其所以，观其所由，察其所安。人焉廋哉？人焉廋哉？"

——《为政》

【译文】

孔子说："看明白他正在做的事，看清楚他过去的所作所为，看仔细他的心安于何种情况。这个人还能如何隐藏呢？这个人还能如何隐藏呢？"

【解读】

视、观、察：三者都是由我去看人，看的方法是要明白、清楚、仔细，看的对象是他过去、现在、未来的表现。古人用字比较精确，我们则往往用"观察"一语带过。廋[sōu]：藏匿。有时不是别人故意藏匿，而是我们自己疏于观察，只看现在而忽略了过去与未来。

子曰："人之过也，各于其党。观过，斯知仁矣。"

——《里仁》

【译文】

孔子说："人们所犯的过错，依其本身的性格类别而各有不同。因此，察看一个人的过错，就知道他的人生正途何在。"

【解读】

党：类别，人的性格有的急躁，有的温和，有的爽朗，有的深沉，等等。知仁：这等于是说由过错去看性格，再由性格去看一个人应该如何走在人生正途上。"仁"字在此是指向未来的，如此才符合改过向善的原则。

子谓子贱，"君子哉若人！鲁无君子者，斯焉取斯？"

——《公冶长》

【译文】

孔子谈到子贱，说："这人是个君子啊！鲁国没有君子的话，他怎么找得到人帮他忙呢？"

【解读】

子贱：宓 [fú] 不齐，字子贱，鲁国人，小孔子 30 岁。他治理单 [shàn] 父 [fǔ] 县时，德治教化为一时之盛。原因是他知人善任，同时也证明鲁国有不少人才。

子贡问曰：“赐也何如？”子曰：“女，器也。”曰：“何器也？”曰：“瑚琏也。”

——《公冶长》

【译文】

子贡请教说：“赐的表现如何呢？”孔子说：“你是一种器具。”子贡问：“什么器具呢？”孔子说：“是宗庙里面贵重的瑚和琏。”

【解读】

女 [rǔ]：同“汝”。器：有特定用途的器具。孔子肯定子贡是个专业人才，但是还须在成德上努力。瑚 [hú]、琏 [liǎn] 都是宗庙里面的玉器，用来盛装黍 [shǔ] 稷 [jì]。

菜根谭

非盘根错节[①]，何以别攻木之利器；非贯石饮羽[②]，何以明射虎之精诚；非颠沛横逆[③]，何以验操守之坚定。

【注释】①盘根错节：出自《后汉书·虞诩传》。原文为："不遇盘根错节，何以别利器乎？"②贯石饮羽：出自《史记·李将军列传》。原文为："广出猎，见草中石，以为虎而射之，中石没镞 [zú]，视之石也。因复更射之，终不能复入石矣。"饮羽：箭深入所射物体。③横逆：出自《孟子·离娄章句下》。原文为："有人于此，其待我以横逆，则君子必自反也。"横逆：野蛮，粗暴。

【译文】

如果不是根株盘屈、枝节交错的树木，又怎能区别出工具的精良锋利呢？如果不是把箭镞射入石头深处，只有箭尾羽毛露在外面，又怎能看得出汉朝名将李广射虎时的全神贯注呢？如果不是经历过种种的挫折坎坷，又怎能检验出圣贤品行节操的坚定不移呢？

袁氏世范

南宋 · 袁采

人之德性出于天资者，各有所偏。君子知其有所偏，故以其所习为而补之，则为全德之人。常人不自知其偏，以其所偏而直情径行，故多失。

【作者简介】

袁采，字君载，信安（今浙江常山县）人，著有《政和杂志》《县令小录》和《世范》三书，今只有《世范》传世。其详细事迹已不可考。

【译文】

人的品德、性格从生下来就各有各的缺陷。有学问、修养的人知道自己的不足之处，所以用加强学习的办法来弥补，于是就变成了一个具有完美品德的人。普通人不知道自己的不足之处，而被这种不足支配着任意作为，率性行事，所以造成许多过失。

曾国藩识人

有一次，李鸿章向曾国藩推荐三个人才，恰好曾国藩散步去了，李鸿章示意三人在厅外等候。曾国藩散步回来，李鸿章说明来意，并请曾国藩考察那三个人。

曾国藩说："不必了，面向厅门站在左边的那位是个忠厚人，办事小心，让人放心，可派他做后勤供应之类的工作；中间那位是个阳奉阴违、两面三刀的人，不值得信任，只宜分派一些无足轻重的工作，担不得大任；右边那位是个将才，可独当一面，将来作为不小，应予重用。"李鸿章很吃惊，问曾国藩是何时考察出来的。曾国藩笑着说："刚才散步回来，我经过他们三人身边了。左边那个低头不敢仰视，可见是位老实谨慎之人，因此适合做后勤工作一类的事情。中间那位，表面上恭恭敬敬，可等我走过之后，就左顾右盼，可见是个阳奉阴违的人，因此不可重用。右边那位，始终挺拔而立，如一根栋梁，双目正视前方，不卑不亢，是一位大将之才。"曾国藩所指的那位"大将之才"，便是淮军勇将，后来担任台湾巡抚的刘铭传。

伯牙绝弦失子期，更无知音之辈；

管宁割席拒华歆，谓非同志之人。

——《幼学琼林·朋友宾主》

【译文】伯牙在子期死后不再抚琴，是因为世上再没有理解他的知音；管宁看清了华歆的为人，与他割席断义，因为志向不同不是同道中人。

【典故背景】

《列子·汤问》记载了伯牙绝弦的故事：伯牙是春秋时期有名的音乐家，有一日他泊船抚琴时偶遇樵子钟子期。子期对于伯牙琴曲的体悟深深感动了伯牙，他便引子期为生平第一知己。后来子期离世，伯牙感叹世间再没有人能懂得自己的琴音，便在子期坟前最后弹奏一曲，将琴摔碎，此生不复弹奏。

《世说新语·德行》记载：华歆、管宁是同窗好友，两人一起躬耕、读书。然而管宁发现华歆这个人对于金钱和名利十分看重，与自己志向不同，于是用刀割断两人共坐的席榻，以示绝交之意。

格律赏析

马首不容孤竹扣，车轮终就洛阳埋。
朝宰锦衣，贵束乌犀 [xī] 之带；
宫人宝髻 [jì]，宜簪 [zān] 白燕之钗。

——《声律启蒙 · 九佳》

【想一想】

1. “白燕”和“乌犀”，除了颜色和质地可以相对之外，还有没有什么引申含义？

【名联赏析】

莫放春秋佳日过；
最难风雨故人来。

——孙星衍自题

上一联写光阴珍贵，下一联写情谊难得，都是劝人珍惜之佳句。孙星衍 [yǎn]，清代著名藏书家、目录学家、书法家、经学家，字渊如，号伯渊，别署芳茂山人、微隐，阳湖（今江苏武进）人，后迁居金陵。少年时他与杨芳灿、洪亮吉、黄景仁以文学见长，袁枚称他为“天下奇才”。其于经史、文字、音训、诸子百家，皆通其义。

文学常识

律诗的吟诵（一）

现今的人们没有听过古人吟诵，所以常把吟诵与朗诵或歌唱混为一谈。歌唱虽然好听动人，有节拍，有韵律，学起来也比较容易，但那并非传统的吟诵。

传统吟诵是结合中华民族的语言文字特色，经过一个自然而然的演化过程所形成的一种吟诵音调，虽然相较于流行歌曲会觉得调子奇怪而单调，但却为中华民族所独有。因此，我们在学诗的过程中，掌握中国的传统吟诵很重要。中国语言文字最大的特色是“独体单音”，不似西方的拼音文字。比如，我们说“花”，属于单音节，独体，一个方块字。但是英文的 flower 是由很多字母和音素组成的。这种独体单音的语言文字特色为我们所特有，因此只有中国才有吟诵，而这样的特色也形成了一个要求，即中国的诗歌语言一定要有节奏。

独体单音的语言文字要形成节奏感，最简短、最原始的一种句式就是四言体。中国最早的一部诗歌总集《诗经》就是以四言句式为主，如《诗经 · 关雎》：“关关雎鸠，在河之洲；窈窕淑女，君子好逑。”两个字一个音步，这就是有节奏的、最短的句子。这种句式并非强加的规定，而是自然形成的。因为一个字是单音节，两个字或三个字的音节还很单调，只有四个字才有双音步。

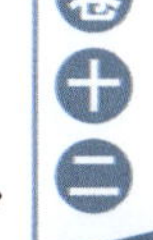

诗词鉴赏

放言五首（其一）①

唐·白居易

朝真暮伪何人辨，古往今来底事无。
但爱臧生能诈圣②，可知宁子解佯愚③。
草萤有耀终非火，荷露虽团岂是珠④。
不取燔柴兼照乘⑤，可怜光彩亦何殊⑥。

【注释】①选自《全唐诗》，上海古籍出版社，1986 年版。放言：意即无所顾忌，畅所欲言。②臧 [zāng] 生：指臧武仲。他曾凭借防地来要挟鲁君，但因其多智，在贵族中有“圣人”之称。诈圣：诈充圣人。③宁 [nìng] 子：指宁武子。《论语·公冶长第五》：“宁武子，邦有道则知；邦无道则愚。其知可及也，其愚不可及也。”④“草萤”二句：以萤光并非火，露滴不是珠来比喻人世间的某些假象，并告诫人们不要为假象所蒙蔽。⑤燔 [fán]：焚烧。照乘 [shèng]：珠名。⑥殊：异。

【译文】

昼真夜假之事谁人能辨，古往今来作伪者绵绵不休。
世人乐见臧生假充为圣，却不知宁子装愚方为高贤。
草间萤虫发光却非真火，荷叶露珠团团难道是真珠？
倘不与燔柴大火、照乘宝珠相比较，岂能断萤火非火、荷露非珠？

【诗在说什么】

《放言五首》是白居易的一组政治抒情诗。此前，他的好友元稹[zhěn]遭贬，谪居江陵（今南京）作《放言》长诗五首；后白居易和之，此为其一。

首联即言“古往今来底事无”，“底事”为何事？自问自答中自有答案：即“朝真暮伪”之事。古往今来，作伪者何其多，但有几人能勘破？

颔联两句皆为用典。“臧生”即春秋臧武仲，因其多智，当世之人称其为“圣”，孔子却不以为然。“宁子”，即宁武子，孔子曾称赞过他，但这样的贤德之士，当世之人却多不能识。

颈联继之以比喻推进。现实中，人们往往被炫目外表迷惑，忘记事事皆有真伪之别。

尾联中，诗人指出鉴别真伪的方法：真伪相较，去伪存真。但若长期处于虚伪之中，早已不识真相，恐怕比照也就没任何意义了吧！“不取”一词，道尽诗人心底的无奈与愤懑。

以典故与比喻阐述深刻哲理，化抽象议论为具体形象，掷地有声，感人深刻。我们感受到的，不仅是文学作品，更是诗人心底的呐喊。

【想一想】

1. 通过学习这首诗，你认为在现实中应如何知人识人？

2. 你能写出这首诗蕴含的哲理吗？请写一写你的理解。

【学以致用】

1. 从《论语 · 公冶长》“宁武子，邦有道则知；邦无道则愚。其知可及也，其愚不可及也。”这句话中，可以概括出一个成语，但它的古今含义不同，你能写出这个成语并解释它的古今含义吗？

____

____

2. 根据学过的内容，将下列诗句补充完整。

（1）______________，古往今来底事无。

（2）不取燔柴兼照乘，______________。

照镜子

【玩法】

1. 根据学生人数确定分组情况，以三人一组为宜。

2. 各组选出裁判，可以手心手背的方式进行。

3. 依据赛前约定的规则，决定动作发出者与模拟者；一人比划动作，另一人快速模拟；两次动作结束后身份互换。

4. 每轮每人各两次动作，结束后进行下一轮，总轮次数依据时间决定。

5. 比赛中，选手全身不能碰到桌凳，否则直接判负；动作不规范或错误者判负。

6. 各组裁判依据规则判断选手总分的胜负，失败者接受胜利者惩罚。

【思考】

1. 你了解对手吗？

2. 如何设计有创意的动作？

3. 哪位同学愿意展示自己的高难度动作？

【启示】

如想取胜，就要用自己的智慧创造出高于对手完成能力的动作；同时，观察对手，了解对手，模拟对手以确保自己不败。这就是“知人识人”“知己知彼”的道理。当然，如果为了刁难对手，而导致自己失误，这就是“不知己”了。

能用度外人

《庄子 · 杂篇》有“孔子曰：‘凡人心险于山川，难于知天。’”之句，可见知人之难。人是感性的，也因为这个原因，在认识别人的时候，难免会掺杂自己的想象或成见，难以全面对其作出公正的考量。有知人之智的人，往往会摒弃成见，所以才成就不凡。

宋人乐史的《李翰林别集序》记载：“白尝有知鉴。客并州，识汾阳王郭子仪于行伍间，为脱其刑责而奖重之。及翰林坐永王之事，汾阳功成，请以官爵赎翰林，上许之，因而免诛。”汾阳王郭子仪曾为囚徒，当时正负盛名的李白一见之下却觉得他相貌英武、器宇不凡，愿意以重金为其脱罪，这才保住了后来在安史之乱中，挽救唐王朝于危难的汾阳王。而郭子仪功成名就的时候，李白却因连坐被治罪，郭子仪情愿以自己的爵位作为代价换取李白被赦免。后人评价这件事说：“翰林之知人如此，汾阳之报德如彼”。因为李白知人之深，不仅挽救了国家，使之免遭倾覆，也为自己后来遭难时的被赦免埋下了伏笔。

范文正公尝言：“诸葛亮能用度外人。”因为识人用人者，莫不希望天下人才都能各尽其能。因此以个人喜好或成见片面地评价人才，这才是最应该担心的。郭子仪曾遭受罪责，刘铭传曾桀骜不驯，只有伯乐对其全面认识，才能周全事体，成就大事。

第五单元

明善诚身即为

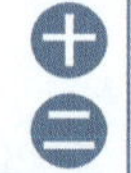

崔枢还珠

唐代有个叫崔枢的人去考进士，客居在汴梁（今河南开封）半年之久，期间他和一个商人同住，两人成了好朋友。后来，这位商人得了重病，他对崔枢说："承蒙你照顾，没有把我当外人看待。我的病看来是治不好了，我们家重土葬，如果我死了，你能按我们家的风俗葬我吗？"崔枢答应了他的请求。商人临死前又对崔枢说："我有一颗宝珠，价值万贯，愿意奉送给你。"崔枢说："我一旦考上进士，所需自有官府供给，怎么能私藏异宝呢？"商人死后，崔枢在土葬他时就把宝珠也一同放入棺材，葬进坟墓里去了。

一年后，崔枢到亳 [bó] 州（今安徽亳州）谋生，听说有个南方商人的妻子千里迢迢来寻找亡夫，并追查宝珠的下落。商人的妻子将崔枢告到了官府，说宝珠一定是被崔枢拿了。官府派人问崔枢，崔枢说："如果墓没有被盗的话，宝珠一定还在棺材里。"于是，官府派人挖墓开棺，果然宝珠还在棺材里。

第二年，崔枢考中进士，后来一直做到主考官。他一世享有清廉的名声。

品格修养

明善诚身即为信

【释析】“明善诚身”就是明晓天赋善性，并能主动把它实践出来。“明善诚身”是为人信实的表现。

人物链接　北宋·种世衡

人物简介

种[chóng]世衡（985—1045），字仲平，洛阳人，北宋将领、军事家。

平夏之功，世衡计谋居多，当时人未甚知之。

——北宋 · 沈括《梦溪笔谈》

种世衡信义服羌

北宋时，种世衡在羌族百姓中很有声望。当时羌族部落的酋长叫牛奴讹 [é]，平时非常倔强，听说种世衡来了，竟跑到很远的地方去迎接。种世衡和他约定，第二天一定到他的帐幕去慰劳百姓。

这天晚上，天上纷纷扬扬下起了大雪，积雪足有三尺深。左右侍从说："牛奴讹凶狠狡诈，难以信任，况且道路险阻，不易行走，明天还是不要去了。"种世衡说："我以信义结交羌人，怎能错过约定日期？"于是，他冒着大雪前往。到达以后，牛奴讹大为吃惊，说："我世世代代住在这个山上，汉人的官吏没有敢到这里来的，想不到你一点都不疑心我呀！"于是牛奴讹率领全部落的人向种世衡行礼，全部落人都被感动得口服心服。

追根溯源

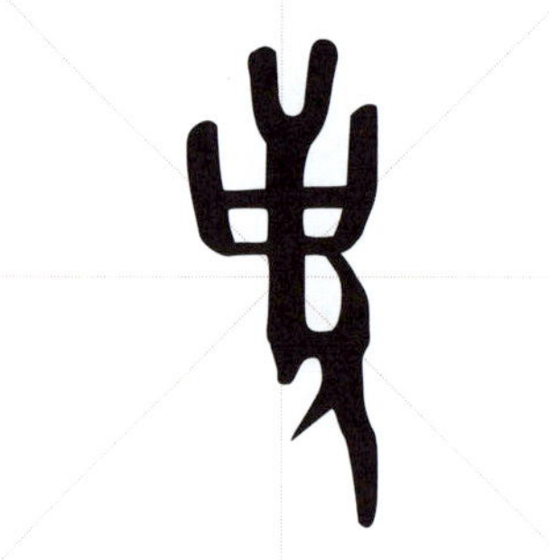
甲骨文

金文

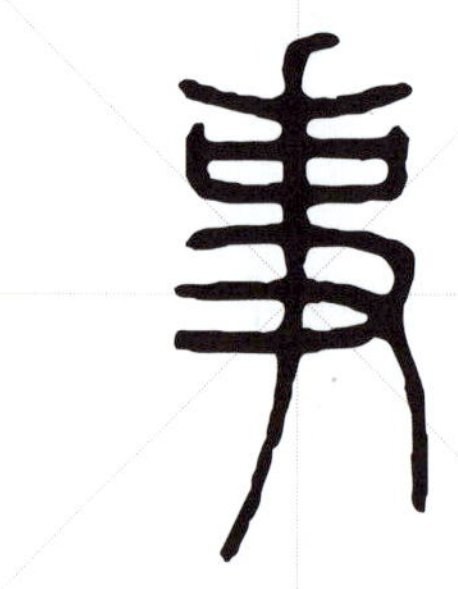
小篆

隶书

事，职也。从史，之省声。

——《说文解字》

【本　义】官职；职务。

【引申义】职业；事情。

成语导读

进德修业

子曰："君子进德修业。忠信，所以进德也；修辞立其诚，所以居业也。"

——《周易·乾卦》

【释义】进：进益。修：修营。增进德行，修营功业。

孔子说："君子要增进美德，修营功业。忠诚信实，就可以增进美德；修饰言辞出于诚挚的情感，就可以积蓄功业。"

【找一找】

下面的成语，哪些是"进德修业"的近义词？哪些是"进德修业"的反义词？

积善成德　　积德累功　　积德累仁

怙恶不悛[quān]　　为非作歹　　作奸犯科

论语

子夏曰："贤贤易色；事父母，能竭其力；事君，能致其身；与朋友交，言而有信。虽曰未学，吾必谓之学矣。"

——《学而》

【译文】子夏说："对待妻子，重视品德而轻忽容貌；侍奉父母，能够尽心竭力；为君上服务，能够奋不顾身；与朋友交往，答应的事就要守信用。这样的人，即使他说自己没有学习过，我也一定说他学习过了。"

【解读】

子夏：卜商，字子夏，卫国人，小孔子44岁，是列名于文学科的学生。贤贤易色：指夫妻相处的原则，理由是接下来所谈三事都是人与人相处之道。至于将它列在首位，可能是因为古人认为"君子之道，造端乎夫妇，及其至也，察乎天地"。有夫妇然后有父子，有父子然后有君臣等。事君：古代拥有属地者皆可称为"君"，如天子、诸侯、卿大夫。为君所用，就须事君。在今天相当于为自己服务的机构或老板工作，但是彼此之间的关系不像古代那么稳定。

子使漆雕开仕。对曰："吾斯之未能信。"子说。

——《公冶长》

【译文】孔子安排漆雕开去做官。漆雕开回答说："我对于做官还没有信心。"孔子听了很高兴。

【解读】

漆雕开：姓漆雕，名开，小孔子 11 岁。说 [yuè]：同"悦"。孔子高兴的原因是开能了解并反省自身，知道自己尚须进德修业，而不急着做官。这种自我要求的态度正是孔子所乐见的。

子曰："仁远乎哉？我欲仁，斯仁至矣。"

——《述而》

【译文】孔子说："行仁离我很远吗？只要我愿意行仁，立刻就可以行仁。"

【解读】

仁：行仁，或直接解为"人生正途"。这种人生正途关键在于一个人"欲不欲行"，只要欲行，当下即可择善固执。此处，"行"是动词，而"人生正途"是名词，"行仁"就是"走在人生正途上"。

子曰："君子疾没世而名不称焉。"

——《卫灵公》

【译文】孔子说："君子引以为憾的是：临到死时，没有好名声让人称述。"

菜根谭

求见知于人世易[1]，求真知于自己难；求粉饰于耳目易[2]，求无愧于隐微难。

【注释】①见知：被人所知。②耳目：视听。

【译文】努力使别人知道自己容易，而使自己真正认识自己却很难；面子上掩饰，装一副君子的模样给人看容易，而使自己在隐蔽细微之处问心无愧却很难。

庭训格言

清 · 玄烨

人惟一心，起为念虑。念虑之正与不正，只在顷刻之间。若一念不正，顷刻而知之，即从而正之，自不至离道之远。

【作者简介】

爱新觉罗 · 玄烨，清朝皇帝，年号“康熙”，后世称其为康熙帝。他是中国历史上在位时间最长的皇帝。

【译文】人的各种想法都出于心，心一动便成为意念与思虑。意念与思虑是否纯正，只看念头产生的一刹那。如果一个念头不纯正，但能很快察觉，并随即加以改正，自然不至于离圣贤之道很远。

温琏还灯架

五代时的温琏是个著名学者，品行高洁。在兵荒马乱的时候，有个人在市场上售卖涂了漆的灯架，温琏以为是铁制，花了很少的钱便买了回去。过了几天以后，家人准备用这个灯架点蜡烛，擦拭时发现这个灯架原来是银制的。于是家人都很高兴，只有温琏不以为然地说："不义之财，怎能当作宝贝？"于是他找到当初卖灯架的人，欲将灯架还回去。卖主说："我自己都不知道它是银的，拿到市场出售，你给足了钱，并不是强买而去，我可不敢收回来。"温琏坚持还给他，卖主当即表示感谢。其后，卖主将灯架拿到别处，卖了四五万文钱，然后拿出其中的一半酬谢温琏，温琏坚决不收。当时的人听说了这件事没有不佩服温琏的，大家都认为他讲仁义，诚实守信。

典故解析

自愧无成，曰虚延岁月；
与人共语，曰少叙寒暄。

——《幼学琼林 · 岁时》

【译文】自愧没有珍惜时光而一事无成，就称“虚延岁月”；与人交谈讲一些客套话，就叫“少叙寒暄”。

【典故背景】

“虚延岁月”语出《抱朴子 · 勤求》中的“虚引岁月，妨资弃力，卒无所成”，一般用于形容白白浪费光阴或者自谦一无所成。

“寒暄”，古代指冷暖或年岁交叠，本处则以寒暄为交际应酬之语，意为见面问候互道冷暖。也有古书写作“暄寒”，如《南史 · 蔡撙传》：“及其引进，但暄寒而已，此外无复馀言。”寒：寒冷。暄：温暖。

格律赏析

增对损，闭对开。碧草对苍苔。
书签对笔架，两曜 [yào] 对三台。
周召 [shào] 虎，宋桓魋 [tuí]。阆 [làng] 苑对蓬莱。
薰风生殿阁，皓月照楼台。

——《声律启蒙 · 十灰》

【找一找】

1.“两曜”“三台”分别是什么？你还能找到哪些相关词语与之对仗？

【名联赏析】

无欲常教心似水；
有言自觉气如霜。

——刘宗周自题

这一联的精妙之处在于上下联为因果关系。只有心明似水的人才能吐气如霜，这也从另一个角度描写了作者的气节和追求。

刘宗周，字起东，别号念台，明朝绍兴府山阴人，因讲学于山阴蕺 [jí] 山，学者称他为“蕺山先生”。他是明代最后一位儒学大师，他开创的蕺山学派，在中国思想史特别是儒学史上影响巨大。清初大儒黄宗羲、陈确、张履祥等都是这一学派的传人，可见刘宗周的思想学说具有承先启后的作用。当代新儒家学者牟宗三甚至认为，刘宗周绝食而死后，中华民族的命脉和中华文化的命脉都发生了危机。

律诗的吟诵（二）

中国的语言文字不同于西方的音节语言，可以因字母的拼合而有音节的多少和轻音与重音等诸多变化。所以，在这种情况下，独体单音的语言文字就可以寻求一种诗歌语言的节奏感，中国诗歌自然便形成了对诗句吟诵时之节奏顿挫的重视。

一般说来，四言诗的节奏以二、二之顿挫为主；五言诗以二、三之顿挫为主；七言诗就以二、二、三之顿挫为主。

另外，因中国语言文字之独体单音的性质，要想在形式方面产生一种抑扬顿挫的美感效果，那么吟诵时对声调的高低控制必然是一项重要的要求。把吟诵时声律的自然需求加以人工化，就形成了近体诗的平仄声律。而近体诗格律的完成，也正是为了吟咏诵读的需要。

蝉[①]

唐 · 虞世南

垂緌饮清露[②]，流响出疏桐[③]。

居高声自远[④]，非是藉秋风[⑤]。

【注释】①选自《全唐诗》，上海古籍出版社，1986 年版。②垂緌 [ruí]：古代官帽打结下垂的部分。蝉头部有伸出的触须，形状好像下垂的冠缨。清露：清纯的露水。饮清露：古人认为蝉生性高洁，栖高饮露，实是吸吮植物汁液。③流：发出。疏桐：高大的梧桐。④居高：指栖息在高处，语意双关。诗人虞世南曾任光禄大夫，为唐凌烟阁二十四功臣之一。⑤藉 [jiè]：凭借；依赖。

【译文】

蝉头部触须弯弯垂下，惬意低酌 [zhuó] 着清纯的露水。

蝉鸣清脆悦耳，从梧桐中飘出，回荡在森林间。

只因其身居高枝之上，故此鸣叫声能传播很远。

它不须借助秋风，动听的鸣声在远方亦可得闻。

【词在说什么】

《蝉》诗作者虞世南，曾任职光禄大夫，为唐太宗时期凌烟阁二十四功臣之一。其作此诗，意在托物言志，陈其为人之道。

首句“垂緌饮清露”即暗含自比：蝉之“垂緌”似官帽之下垂部分，暗示自己的显贵身份；蝉栖高饮露，不食恶食，表明己之洁身自好。

继而诗人写蝉声清高：栖居梧桐，清脆鸣声穿透树荫，响彻山林，穿透力可谓深远。同时，诗人的丰神俊朗，也蕴于“疏桐”“流响”之中。

最后两句画龙点睛。荀子《劝学》曾言：“顺风而呼，声非加疾也，而闻者彰”，世人眼中，声名远播多赖外力相助；但诗人别具慧心，表明品性高洁之人，无须外力，自能名扬天下。

开创“贞观盛世”的太宗皇帝曾赞之曰：“群臣皆如虞世南，天下何忧不理！”其高洁美誉，诚非虚名。

【想一想】

1. 诗人笔下的“蝉”，具有怎样的品性？

2.“居高声自远，非是藉秋风”两句，带给你什么启示？

【学以致用】

根据所学内容，将下列诗句补充完整。

1.________________________，流响出疏桐。

2.________________________，非是藉秋风。

站如松

【玩法】

1. 根据学生人数确定分组情况，每组每轮选派一名选手参赛。

2. 比赛前，地面画出两条相距 40cm 的平行线，学生分别站在两端；站定后，双脚掌不可离开原位。

3. 裁判发出号令后，每组选手伸出双掌相抵，可向前或向后推送。

4. 率先使对方脚掌离开原位者获胜。

【思考】

1. 你认为力气大的同学玩这个游戏有优势吗？

2. 你在竞技过程中，是否体现了尊重对手的风度？

【启示】

在游戏过程中，必须全神贯注地观察对方的行为，这是获胜的基础；不可一味逞蛮力，不能只知进不知退；如果一味想要获胜，可能会对对手造成伤害，与人为善，实践“明善诚身”，才是有“信”。

识

紫薇花对紫微郎

紫微，古代天文学中的星垣名，自汉代起代指皇宫禁苑。 唐玄宗开元元年（713），将皇帝直属的中枢官署中书省改名为“紫微省”。因紫薇与紫微同音，于是紫微省多种紫薇花，后虽复称中书省，但这一浪漫的典故仍为人津津乐道。唐代中书舍人杜牧，人称“杜紫薇”；南宋中书舍人吕本中的诗话著作就题为《紫微诗话》；中书郎白居易曾写过紫薇诗：“丝纶阁下文章静，钟鼓楼中刻漏长。独坐黄昏谁是伴？紫薇花对紫微郎。”

因为象征着政治权利，紫薇又被称为“官样花”。宋代陆游的《紫薇诗》写道：“钟鼓楼前官样花，谁令流落到天涯。少年妄想今除尽，但爱清樽浸晚霞。”这里隐含了他年少踌躇满志，然而至暮年看尽官场起落，抱负消磨殆尽，不如独对杯中花影谋得一醉的无奈。

清代陈其年《定风波》曰：

一树曈[tóng]胧照画梁，莲衣相映斗红妆。才试麻姑纤鸟爪，袅袅，无风娇影自轻扬。　　谁凭玉阑干细语？尔汝。檀[tán]郎原是紫薇郎。闻道花无红百日，难得。笑他团扇怕秋凉。

著名文学家、园艺学家周瘦鹃评说：“上半阕还不差，而下半阕来了个紫薇郎，就感到减色。”想是他不屑功名的缘故。

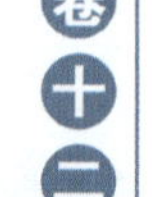

第六单元

爱国兴邦即为

忠

周召共和

周厉王时，天子统治暴虐，严禁臣民有批评的言论。百姓上街不敢交谈，只能用眼神来沟通。最终，周厉王的倒行逆施激起了民众反抗，史称“国人暴动”，周厉王也在“国人暴动”中失去王位。

此时国中无主，社会动荡，民众不得安宁。于是大家推选召[shào]公、周公（周公旦次子的后代）出来主持朝政。周太子静躲藏在召公家中，国人闻而围之，召公以自己的儿子代替太子赴死，这才使之得以脱险。

召公与周公共同执政期间，他们勤勤恳恳，稳定了社会秩序，史称“周召共和”。共和元年，即公元前 841 年，为中国历史确切纪年的开始。此前的历史，没有确切的文字记载年份，只能依据考古文物进行推断，所以十分模糊。

十四年后，太子长大成人，召公向众人讲明了事情的经过。大家拥立太子静登上了王位，这就是后来的周宣王。召公为保国家社稷牺牲自己的儿子，并且尽心辅佐国家政事，拥立太子即位，尽显了他对国家的一片忠心。

品格修养

爱国兴邦即为忠

【释析】“爱国兴邦”就是热爱自己的国家，并能主动为国家的繁荣兴盛做贡献。“爱国兴邦”是忠的行为。

人物链接 西汉·霍去病

人物简介

霍去病（前140—前117），汉族，河东平阳（今山西临汾西南）人，西汉名将、军事家。

精神传承

骏马似风飙，鸣鞭出渭桥。弯弓辞汉月，插羽破天骄。阵解星芒尽，营空海雾消。功成画麟阁，独有霍嫖姚。

——唐 · 李白《塞下曲》

抗击匈奴的霍去病

西汉初年，北方匈奴屡成边患。汉武帝时国力渐强，于是汉朝开始对匈奴的侵略进行反击。霍去病的舅舅卫青是汉朝的大将军，也是抗击匈奴的名将。元朔六年（前 123），年仅 18 岁的霍去病以校尉的身份，跟随卫青出征。他率领八百骑兵长途奔袭，斩获匈奴两千余人，战功卓著，被汉武帝封为冠军侯。

在元狩二年（前 121）、元狩四年（前 119）与匈奴军的战斗中，霍去病显露出杰出的军事才能，共斩俘匈奴十万余人。他和卫青发起对匈奴的进攻性战争，改变了汉朝对匈奴的守势状态，一举将其击溃，从而长久地保障了西汉北方的长城一带，也就是漠南地区的边境安全。

汉武帝很喜欢霍去病，曾下令给他建造府第，但霍去病却拒绝了。他说 ：“匈奴未灭，何以家为？”这句洋溢着爱国热情的名言，世世代代激励着人们。元狩六年(前 117),年仅 24 岁的霍去病猝 [cù] 然去世。汉武帝十分痛惜，在为自己建造的陵墓茂陵旁边特为他修建了一座状如祁连山的坟墓，用以表彰他抗击匈奴的卓著功绩。

追根溯源

甲骨文

金文

小篆

隶书

興，起也。从舁[yú]，从同。同力也。

——《说文解字》

【本　义】兴起；举起。

【引申义】昌盛；奋发。

兴微继绝

主簿柳对曰："明府谨终追远，兴微继绝。"

——汉·应劭《风俗通》

【释义】 微：衰落。绝：中断。使衰落了的振兴起来，中断了的延续下去。

有一个名叫柳的主簿（官名，太守佐吏）对太守说："太守谨慎地对待他去世的父母，追念其久远的祖先，使他衰落的家族振兴起来，中断的传承延续下去。"

【找一找】

下面的成语，哪些是"兴微继绝"的近义词？哪些是"兴微继绝"的反义词？

济国安邦　　安邦治国　　精忠报国

祸国殃民　　卖国求荣　　里通外国

论语

曾子曰："可以托六尺之孤，可以寄百里之命，临大节而不可夺也——君子人与？君子人也。"

——《泰伯》

【译文】

曾子说："可以把年少的孤儿托给他照顾，可以把国家的命脉交给他负责，遇到重大变故也不能使他放弃操守，这种人称得上是君子吗？这种人是君子啊！"

【解读】

六尺：古代认为孩童身体两年半长高一尺（23 厘米），六尺为 15 岁。六尺相当于今日的 138 厘米，指尚未成年者。君子：有德之人，必须兼具能力与节操，不能只是空谈心性。

定公问："一言而可以兴邦，有诸？"孔子对曰："言不可以若是其几也。人之言曰：'为君难，为臣不易。'如知为君之难也，不几乎一言而兴邦乎？"

曰："一言而丧邦，有诸？"孔子对曰："言不可以若是其几也。人之言曰：'予无乐乎为君，唯其言而莫予违也。'如其善而莫之违也，不亦善乎？如不善而莫之违也，不几乎一言而丧邦乎？"

——《子路》

【译文】

定公询问："一句话就可以使国家兴盛，有这样的事吗？"孔子回答："话不可以说得这样武断，以近似的程度看，有一句话是：'做君主很难，做臣属也不容易。'如果知道做君主很难，不是近于一句话就可以使国家兴盛吗？"定公又问："一句话就可以使国家衰亡，有这样的事吗？"孔子回答："话不可以说得这样武断，以近似的程度看，有一句话是：'我做君主没有什么快乐，除了我的话没有人违背之外。'如果说的话是对的而没有人违背，不也很好吗？如果说的话是不对的而没有人违背，不是近于一句话就可以使国家衰亡吗？"

【解读】

几：近似、接近、近于之意。国家兴亡的原因十分复杂，即使专就君主的责任而言，也只能说"近似"而已。

菜根谭

平居息欲调身[①]，临大节则达生委命[②]；齐家量入为出，徇大义则芥视千金[③]。

【注释】①息欲调身：消减欲念，调养身心。②达生：出自《庄子·达生》注："生之所以无为者，分外物也"，后指不受世物牵累之意。委命：舍出生命。③芥[jiè]视：视如草芥，比喻看得轻。

【译文】

平日居处要消减欲望调养身心，面临生死存亡的紧急关头要不受牵累敢舍生命。日常治家要节约用度不必奢华，面临大义要仗义轻财勇于施舍。

朱子家训

南宋·朱熹

君之所贵者，仁也。臣之所贵者，忠也。父之所贵者，慈也。子之所贵者，孝也。兄之所贵者，友也。弟之所贵者，恭也。夫之所贵者，和也。妇之所贵者，柔也。事师长贵乎礼也，交朋友贵乎信也。

【译文】

作为国君，最重要的是怀有仁慈的心。作为臣子，最重要的则是忠诚。作为人父，最重要的是慈爱。作为人子，最要紧的则是孝道。作为兄长，最要紧的是友爱弟妹。作为弟妹，则要恭敬兄长。作为丈夫，最重要的是态度平和。作为妻子，则必须重视温柔的作用。与师长相处，最重要的是合乎礼节。与朋友相交，最重要的则是讲信用。

苏武牧羊

公元前100年，匈奴新单于即位，汉武帝为了表示友好，派遣苏武率领一百多人出使匈奴，顺便送给单于丰厚的礼物。不料，就在苏武完成了出使任务，准备返回自己国家时，匈奴上层发生了内乱。苏武一行受到牵连，被扣留下来，并被要求背叛汉朝，臣服单于。但苏武坚决不降。

单于就把苏武囚禁起来，放在大地窖里面，不给他吃喝。天降大雪，苏武便卧着嚼雪，将其同毡毛一起吞下充饥，几日不死。匈奴以为神奇，就把苏武迁移到北海（即今天俄罗斯境内的贝加尔湖）边没有人的地方，让他放牧公羊，扬言等到公羊生了小羊苏武才得归汉。同时把他的部下及随从人员分别安置到别的地方。苏武迁移到北海后，粮食运不到，只能掘取野鼠所储藏的野生果实来充饥。他拄着汉廷的符节牧羊，即使睡觉都不放手，以致系在符节上的牦牛尾毛全部脱尽。单于多次派人对苏武威逼利诱，迫使他投降，但是苏武毫不动摇。他被匈奴扣留19年，受尽苦难，忠贞不屈。等到终于能回到汉朝的时候，头发、胡须都变成白色了……

典故解析

唐放勋德配昊天，遂动华封之三祝；
汉太子恩覃少海，乃兴乐府之四歌。

——《幼学琼林·朝廷》

【译文】

唐尧功德配比上天，于是华封的人献上三项祝告；汉明帝做太子的时候恩深如海，乐人为此写出四首乐府诗歌。

【典故背景】

唐放勋，尧帝名放勋，因生于唐地故又称唐尧。他经过华封这个地方，当地的人都给他美好的祝愿。

汉太子指汉明帝刘庄。覃：延长，延及。少海，指渤海，后用来指太子。乐府起于汉代，《古今注》记载，汉明帝刘庄做太子时，因贤明善政，乐府特意作了四首乐曲赞颂他。

格律赏析

却马汉文思罢献，吞蝗唐太冀移灾。
照耀八荒，赫赫丽天秋日；
震惊百里，轰轰出地春雷。

——《声律启蒙·十灰》

【想一想】

1．“赫赫”“轰轰”是在渲染一种怎样的气氛？

2．你还能找到多少类似的词形成对仗？

【名联赏析】

应视国事为家事；
能尽人心即佛心。

——林则徐自题

这副对联一气呵成，道出了公心为民的林则徐所追求的理想境界。上一联家事国事一并而谈，表现了天下为公、无人无我的宏大格局；下一联人心佛心同等而论，赞颂了忧国忧民的慈悲胸怀。

律诗的欣赏与创作（一）

究律诗之根源，乃于南北朝时期开始注重诗歌的声律。之所以注重声律，这与南北朝时期佛经的大量翻译有着密切关系。原来佛经都是梵文，经中有很多念诵的诵赞。为把梵文翻译成中文发音，就需要推究如何准确地发音，于是就有了“反切”，即一种拼音的方法，有声母和韵母，因此产生了“平仄格律”。

平仄格律并不复杂，若要学习作诗，只需记住两个公式即可。（下图：横线代表平声，竖线代表仄声。）

如下面的五言基本格式：

A 式：	B 式：
— — — ｜ ｜	｜ ｜ — — ｜
｜ ｜ ｜ — —	— — ｜ ｜ —

A 式为“平平平仄仄，仄仄仄平平”；B 式为“仄仄平平仄，平平仄仄平”。汉语语言文字的单音独体，其平声与仄声是相对的，其中第二个字和第四个字是音节的节奏所在。而对诗歌格式的判断，主要看诗歌第一句的第二个字：第二个字是平声，诗歌就是平起格式；若是仄声，就是仄起格式。A 式加 B 式：“平平平仄仄，仄仄仄平平；仄仄平平仄，平平仄仄平”，这就是平起；而 B 式加 A 式：“仄仄平平仄，平平仄仄平；平平平仄仄，仄仄仄平平”，这就是仄起。

十一月四日风雨大作（其二）①

南宋·陆游

僵卧孤村不自哀②，尚思为国戍轮台③。
夜阑卧听风吹雨④，铁马冰河入梦来⑤。

【注释】①选自《剑南诗稿校注》，上海古籍出版社，1985 年版。②僵卧：直挺挺地躺着，形容自己穷居孤村，无所作为。不自哀：不为自己哀伤。③戍 [shù]：守卫。轮台：在今新疆境内，是古代边防重地，此处代指边关。④夜阑 [lán]：夜深。⑤铁马：披着铁甲的战马。冰河：冰封的河流，指北方地区的河流。

【译文】

直挺挺躺在孤寂荒凉的乡村，我不为自己的命运而悲哀。
一心想着祖国尚未收复的失地，希望还能为国戍守关隘。
夜色深沉，我躺在床上，听窗外疾风骤雨之声不绝于耳。
朦胧中我梦见自己骑着战马，跨过冰封河流，驰骋中原！

【诗在说什么】

陆游，南宋著名爱国诗人。他中年投身军旅，力主收复中原；无奈奸佞当道，壮志难酬，然报国之心、光复之愿终身不忘——即便身处困顿之中。

诗词前两句，真实描绘出诗人的现实处境与精神状态："僵卧孤村"的现实，映照着诗人年老多病、内心苦闷、地处偏僻、绝少知音的生存状态；即便如此，仍思"为国戍轮台"，因此愿而"不自哀"，豪迈洒脱之气勃然而出。

但现实如此冰冷："风吹雨"的自然实景映射着南宋风雨飘摇、危如累卵的现状；"肉食者鄙，未能远谋"，令南宋痛失大好局面。七旬老人壮志犹存，苟且达官意欲何为？

无奈，只能朦胧梦中，驰骋疆场，收复中原！

【想一想】

1. "僵卧孤村不自哀"，"僵"与"孤"表明诗人当时处于怎样的境地？

2. 身处困境，诗人最迫切的愿望是什么？

【学以致用】

1. 陆游生活的时代，偏安一隅的南宋王朝正处于风雨飘摇之中，故"夜阑卧听风吹雨"实有两层含义，请简要分析。

2. 根据所学内容，将下列诗句补充完整。

夜阑卧听风吹雨，____________________。

互动游戏

下一个是谁？

【玩法】

1. 根据学生人数确定分组情况，每组选出率先参赛的三名选手。

2. 选手站定后依次报数，并牢记自己的数字代号，随后游戏开始。

3. 教师随机喊出一个数字代号，随后的数字呼叫由上一个数字代号人执行。

4. 被点到的数字代号人，立即跑到队伍尾端，反应不及时或有停顿者，以及喊出不存在的序号或自己的序号者，将被淘汰。

5. 同组派人顶替被淘汰的选手，游戏继续进行。

6. 未被淘汰选手最多的小组获胜。

【思考】

1. 你是否记住了本组成员的序号？

2. 你是否喊到了本组成员？

【启示】

“爱国兴邦”的前提是能够为自己的小组或团队负责；实践爱国的“忠”，需脚踏实地，从小事做起，从“兴组”做起；在复杂的竞争环境中，要学会分清“敌”“我”，如果因一时情急，叫到了自己组员的序号，就容易产生失误；同时，还要避免产生学生互相抱怨的现象，在强调集体荣誉感的同时，加强组内团结。

国学常识

郢[yǐng]书燕说凭"举烛"

"举烛"典出《韩非子 · 外储说左上》。在古代楚国的郢都，有人给燕国的相国写信。因为是在夜里，烛火不亮，写信的人便对一旁的仆人说"举烛"。由于他的心思都用在写信上，嘴里说着，便随手将"举烛"两个字也写进了信里。

燕相收到信以后，看到信中有"举烛"二字与上下文不相连贯，心中费解。于是他冥思苦想后，认为这是寄信人对自己的苦心隐喻。举烛，应该就是让社会变得光明清澈，实行清正的政策。而如何倡兴光明？那就要选贤举能，举荐最优秀的人才担任要职！燕相越想越激动，便将这封信和自己的想法奏报给燕王。燕王听后也很高兴，就按照燕相对举烛的理解，制定了一系列选拔贤才的政策，并启用贤能担任要职从而治理国家。一时间，燕国国力得到了很大的提升。

郢人误书，燕相误解，于是留下了成语"郢书燕说"。后人有时提到"举烛"的典故，会笑燕相的穿凿附会以及燕王的听风就是雨。但仔细思来，如若不是时时刻刻把爱国兴邦当作头等大事悬系于心，又怎么能从"举烛"这样简简单单的两个字上获得这么深刻而有益的启示？若人人都能像燕相、燕王一样，对国家的发展抱有这种非凡的热情，那么多一些这样的"穿凿附会"又有什么不好呢？

第七单元

爱惜自己即为

伤足念亲

曾子的学生乐 [yuè] 正子春下堂时伤了脚，可是伤愈后几个月都不曾出门，脸上仍有忧愁之色。学生们不解，问其缘故。

乐正子春说：“你们问得真好啊！我从曾子那里听说过，曾子又从孔子那里听说过这样的话：父母完好地把儿子生下来，儿子要完好地把身体还给父母，不亏损自己的身子，不毁坏自己的形体，这就可以叫作孝顺了。君子一举一动都不忘记孝道，我走路不小心就是忘记了孝道，因此才忧愁。”

曾子说：“父母生下了我的身体，儿子不敢毁坏；父母养育了我的身体，儿子不敢废弃；父母保全了我的身体，儿子不敢损伤。所以我们渡水时乘船而不涉水，走路时走大路而不走小路，能保全四肢身体，就可以叫作孝顺了。”

爱惜自己即为孝

【释析】“爱惜自己”就是小心谨慎，不让自己的身体受到伤害。至圣先师孔子教导我们“爱惜自己”是行孝的开始。

春秋·曾参

人物简介

曾子（前 505—前 435），名参 [shēn]，字子舆 [yú]，春秋末年鲁国人。他是中国古代著名的思想家。

夫孝，天之经也，地之义也，民之行也。

——《孝经·三才章》

曾子问孝

有一天，孔子坐着，曾子在一旁等待教诲。孔子说：“先前的圣王有最美好的品德和最令人敬佩的做人原则，他们用这些来治理天下，让民众学习和效法，社会上就会出现和睦相处的风气，官吏和民众之间就没有相互怨恨的现象。你知道这是什么样的品德和原则吗？”曾子离席站起来，恭敬地回答道：“我不够聪敏，没有能力知晓这么深刻的道理，请老师指教。”孔子说：“‘孝’是道德的根本，对百姓的一切教化都是从这里开始的。你坐下来，我说给你听。我们的身体、毛发、皮肤是父母给我们的，我们必须珍惜它，爱护它。因为健康的身心是做人做事的最基本条件，所以珍惜它，爱护它就是行孝尽孝的开始。让自己健康成长，按照正确的原则做人做事，让自己的名字为后人所景仰，这就会让后世人知道自己的父母教导有方，培养出了一个优秀儿女，这是行孝尽孝的完成。总而言之，行孝尽孝的开始就是孝顺父母，长大成人就是忠于国家和君主，最终就是对他人和社会有所贡献，实现自己应有的人生价值。”

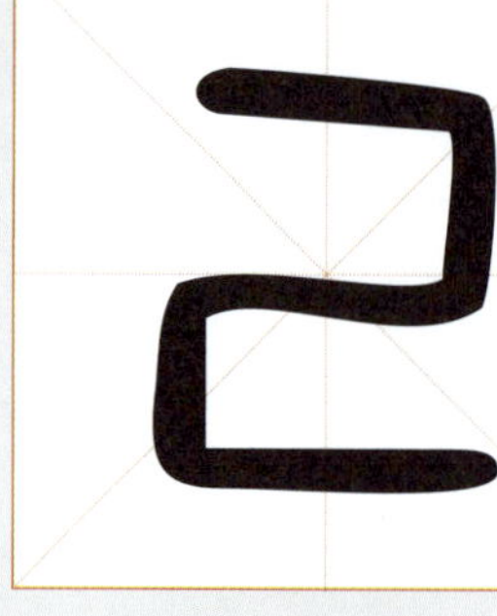

甲骨文

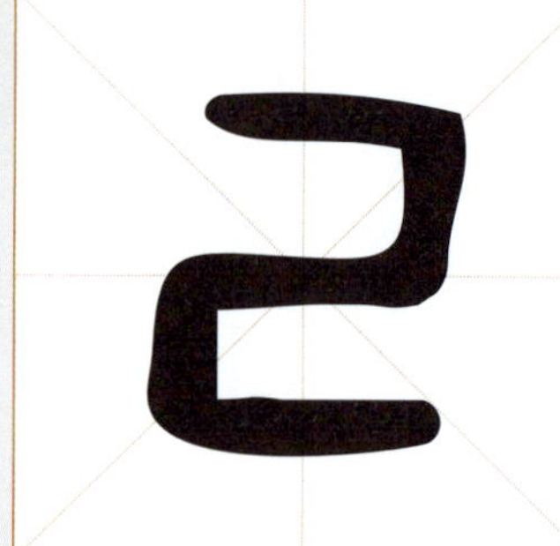

金文

小篆

隶书

己，中宫也。象万物辟藏诎[qū]形也。己承戊，象人腹。

——《说文解字》

【本　义】天干的第六位，与地支相配，用以纪年、月、日。

【引申义】代词。表示第一人称。自己；本身。

夫君子爱口，孔雀爱羽，虎豹爱爪，此皆所以治身法也。

——汉 · 刘向《说苑 · 杂言》

【释义】羽毛：比喻人的声望。比喻像鸟兽爱惜羽毛那样，爱惜自己的声誉，行事十分谨慎。

君子爱惜口齿（而谨慎言语），孔雀爱惜羽毛，虎豹爱惜爪子，都是修养自身的准则。

【找一找】

下面的成语，哪些是“爱惜羽毛”的近义词？哪些是“爱惜羽毛”的反义词？

洁身自爱	束修自好	束身自修
同流合污	随波逐流	与世浮沉

论语

孟武伯问孝。子曰:“父母唯其疾之忧。”

——《为政》

【译文】

孟武伯请教什么是“孝”。孔子说:“让父母只为子女的疾病忧愁。”

【解读】

孟武伯:仲孙彘 [zhì],孟懿 [yì] 子的儿子。子女各方面都表现良好时,才能使父母“只为”他们的疾病担心而不必再担心其他问题,这就是实践了“孝”。疾病不是人力可以控制的,所以子女更要保重身体。

曾子有疾，召门弟子曰：“启予足！启予手！《诗》云‘战战兢兢，如临深渊，如履薄冰。’而今而后，吾知免夫，小子！”

——《泰伯》

【译文】

曾子生病时，把他的学生召集到家中，说：“看看我的脚，看看我的手！《诗》上说：‘战战兢兢啊，好像走在深渊旁边，好像走在薄冰上面。’直到现在，我才敢说自己可以免于毁伤了。同学们记住啊！”

【解读】

《诗》的引文见《诗经·小雅·小旻[mín]》。手脚健全，表示一生爱护身体，也不曾犯法受刑。这是对父母孝顺，也是对个人生命尽责。

康子馈药，拜而受之。曰：“丘未达，不敢尝。”

——《乡党》

【译文】

季康子派人送药来，孔子作揖接受。他后来说：“我不清楚这种药的药性，不敢服用。”

【解读】

达：了解药性才服用，表示谨慎。有人认为孔子深通医理，即是由此得知。

子畏于匡，颜渊后。子曰："吾以女为死矣。"曰："子在，回何敢死？"

——《先进》

【译文】

孔子被匡城的群众所围困，颜渊后来才赶到。孔子说："我以为你遇害了呢。"颜渊说："老师活着，颜回怎么敢死呢？"

【解读】

何敢死：古代的观念中，父母健在时，子女不能轻易冒险，更不必说先死了。颜渊视老师如父亲，所以这样说。若老师有了不幸，则师仇亦不共戴天，将为之伸张正义，死而无悔。

菜根谭

邀千百人之欢，不如释一人之怨；

希千百事之荣①，不如免一事之丑。

【注释】①希：追求。

【译文】

与其讨得千百人的欢心，还不如平息一人的怨恨；与其追求千百件事情的光彩，还不如弥补一件事情的缺憾。

朱子家训

南宋 · 朱熹

慎勿谈人之短，切莫矜 [jīn] 己之长。仇者以义解之，怨者以直报之，随所遇而安之。

【译文】

不要随便议论别人的缺点，切莫夸耀自己的长处。对于有仇隙的人，要用道理来解除仇隙；对于埋怨自己的人，要用坦诚正直的态度来对待。不论身处何种环境，都要懂得适时而满足。

曾子受杖

一天，曾参与父亲同在瓜地里劳作，曾参稍不留神，斩断了瓜苗的根。父亲看到孩子不知爱惜物力，做事不够谨慎，于是举起手上的大杖就向曾参的后背打去。曾参见父亲因自己做错事而生气，心里很惭愧。他没有选择逃避，而是直接跪在地上受罚。可不久之后，他的身体承受不住了，晕倒在地，不省人事，过了很久才慢慢苏醒过来。

曾参刚睁开眼睛，就想到了父亲。于是他退回房间，拿出琴高声弹唱起来，希望欢快的音乐与歌声能传到父亲的耳中，让父亲确认自己的身体无恙，从而安心。

听到这件事的人都很敬佩曾参对父亲的孝顺，可当孔子听说此事后，反而不高兴了。

孔子向前来请教的弟子说道："曾参侍奉他的父亲，却不知爱惜自己的身体，轻弃生命而直接承受父亲的暴怒，就算死也不回避。倘若他真的死了，那不是陷父亲于不义吗？哪有比这更不孝的呢？每个人难道不都是天子的子民吗？曾子的父亲杀了天子的子民，他的罪又该怎么样呢？"

弟子们听了老师的开导后恍然大悟，曾参听到夫子这些话后，也一下子醒悟过来，感叹地说："我犯的错，真是太大了啊！"于是他很诚恳地向老师孔子拜谢并悔过。

至若发肤不敢毁伤，曾子常以守身为大；
待人须当量大，师德贵于唾面自干。

——《幼学琼林 · 身体》

【译文】

至于头发和皮肤都不能毁伤，曾子常常以守护自己的身体为大事；待人应该宽宏大量，娄师德唾面自干的品行极其可贵。

【典故背景】

守身为大：在孔子的众多弟子中，曾子以笃实著称，修养自身从不苟且。他牢记老师孔子的教导："身体发肤，受之父母，不敢毁伤，孝之始也。"在临死的时候还叫弟子检查自己的身体，看是否受到损伤，然后才安心闭眼。

唾面自干：《隋唐嘉话》记载，唐代娄师德受武则天的赏识，招来很多人的嫉妒。一次他对弟弟说："我现在得到陛下的赏识，很多人都嫉妒我，所以你在外做官一定要忍让。"弟弟说："别人把唾沫吐到我脸上，我自己擦掉就可以了。"娄师德说："不行，你要让别人消除怒气，就应该让唾沫在脸上自己干掉。"后形容受了侮辱，极度容忍，不加反抗。

格律赏析

沙对水，火对灰。雨雪对风雷。
书淫对传[zhuàn]癖[pǐ]，水浒对岩隈[wēi]。
歌旧曲，酿新醅[pēi]。舞馆对歌台。
春棠经雨放，秋菊傲霜开。

——《声律启蒙·十灰》

【练一练】

1. 请仿照上文最末一联，以“冬”“夏”做句首拟一副对联。

【名联赏析】

老老实实作人，知恩报恩；
明明白白处事，敬德怀德。

——曾国藩自题

曾国藩，初名子城，字伯涵，号涤[dí]生，宗圣曾子七十世孙。他是晚清名臣，中国近代政治家、战略家、理学家、文学家，湘军的创立者和统帅，官至两江总督、直隶总督、武英殿大学士，封一等毅勇侯，谥曰“文正”。曾国藩自幼勤奋好学，六岁入塾读书，八岁就能读四书，诵五经。道光十八年（1838）中进士，入翰林院。然而他的这副自题联却用近乎白话的口吻道出了做人的至理，读者万不可辜负他这一番劝世苦心。

律诗的欣赏与创作（二）

平仄的总体规则都从五言一例，若七言，则多出的两个字就加在每句诗的前面。同时要注意，若五言的开头是平声，就加两个仄声；开头是仄声，就加两个平声。

七言基本格式

A式：	B式：
｜ ｜ — — — ｜ ｜	— — ｜ ｜ — — ｜
— — ｜ ｜ ｜ — —	｜ ｜ — — ｜ ｜ —

将上述基本格式重复至八句即为律诗，超过八句即为长律。创作律诗的时候，大体要按照这样的平仄来铺陈字句，否则即为格律走失，严格来讲便不能称为近体诗。

盛唐时期最负盛名的两位诗人——李白、杜甫，世称“李杜”，他们在诗词创作方面便各有千秋。李白的诗作有出尘脱俗的气象，而杜甫的诗则工整朴实。也因此，李白的诗常有格律走失之情况而他毫不以此为意；杜甫的诗则格律协调对仗严谨，被后人奉为律诗最高的创作标准。然而，两人的诗歌皆为上乘之作，不能简单以格律轻判高下。

诗词鉴赏

感遇十二首（其一）①

唐·张九龄

兰叶春葳蕤②，桂华秋皎洁。
欣欣此生意，自尔为佳节。
谁知林栖者③，闻风坐相悦④。
草木有本心⑤，何求美人折⑥？

【注释】①选自《全唐诗》，上海古籍出版社，1986 年版。感遇：古诗题目，用于抒写心有所感、托物言志的诗。②葳[wēi]蕤[ruí]：草木茂盛、枝叶下垂的样子。③林栖者：指山林隐居之人。④坐：因，由于。⑤本心：天性。⑥美人：比喻理想中的同道者。

【译文】

春天里兰花绿叶繁盛，秋天里桂花清新皎洁。
兰桂齐芳，生机盎然，自然顺应着良辰佳节。
不曾想山林中的隐士，闻香而来，满怀喜悦。
草木飘香，天性使然，岂求美人采摘以扬名？

【诗在说什么】

《感遇十二首》，为唐朝宰相张九龄被贬谪后所作。本诗为组诗第一首，抒发了诗人孤芳自赏、不求闻达的精神追求。

前两句，诗人即景生情，兰桂对举：春华秋实中，自有无限生机活力；更兼兰叶翠微、桂花嫩黄，皎洁清雅，沁人心脾。

继而，诗人指出：无论“葳蕤”兰叶、“皎洁”桂花，都有顺时而生、应时应景的特点，绝不会因取媚于人而不守时令。显然，这种孤芳自赏与清高自持，也正是诗人品行节操的表露。

接下来，诗人巧用“闻风”之典，含而不露。孟子曾经说过，圣人是百代之师，伯夷、柳下惠皆可称之。听闻他们的事迹，懦弱之人会生出勇气，鄙陋之人会通达开朗，这正是“闻风”之功效。于今，面对兰桂芬芳，超然物外的隐逸之士也生出爱慕之心！

常理观之，有人欣赏，自然愿结交相悦，但诗人另辟蹊径：花自芬芳，“不求美人折”！于诗人而言，进德修业不过是尽为人本分，并非求功名利禄、称誉赞赏，这便是诗人那一点“草木”“本心”了。

【想一想】

1.“兰叶”与“桂花”，各自有着怎样的特点？请用诗词原文回答并解释含义。

2. 诗词最后两句，传达出诗人怎样的心意？

【学以致用】

根据学过的内容，将下列诗句补充完整。

1.____________________，自尔为佳节。

2.____________________，何求美人折？

互动游戏

抢板凳

【道具】

板凳或椅子数个。

【玩法】

1. 根据学生人数确定分组情况，每组每轮选出两人参赛。

2. 将板凳摆成一圈，选手围绕板凳行走；教师喊“坐”后，选手迅速抢个板凳坐下。

3. 板凳数量始终少于参赛人数，每淘汰一人，板凳随之减少一个。

4. 最后留在场上的选手获胜，一轮结束。

5. 根据时间确定轮次数，获胜人数最多的小组为最后胜利者。

【思考】

1. 你玩过抢板凳的游戏吗？今天的游戏与以往有何不同？

2. 这个游戏与课程内容有何关联？

【启示】

学生在游戏中，关注自身安全，避免受伤，就是“孝”的意义；在古代，孝子不会轻易冒险，优秀的标准并不只是抢到板凳；在“自强不息”与“爱惜自己”之间把握平衡也是一种“中庸之道”。

古代居家种植之宜忌

古人居家种树，首推种竹。因竹子四季常青，蓊 [wěng] 郁茂盛，不仅生旺，且无俗气。在古代有“东种桃柳、西种柘 [zhè] 榆、南种梅枣、北种奈 [nài] 杏”之说。又云“宅东不宜种杏，宅南北不宜种李，宅西不宜种柳树”等。有一些树木特别得人喜爱，比如槐 [huái] 树和榆树，古人认为这些树适宜种在自家院子里，它们可以使家族特别昌盛。究其原因，大概因为这些树通常枝叶繁密，一派兴旺之象，给人以美好的联想。

还有一种特别被人推崇的树木就是石榴。石榴开花，艳红似火，果实繁密，成熟后露出里面无数晶莹的籽粒，是兴旺多子的象征。古人特别喜欢在庭前屋后栽种石榴，故宫中有自清代遗留至今的石榴盆栽，每年依然硕果累累、赏心悦目。

有宜就有忌。古人不会在庭院正中栽种大树，防止产生“困”住的联想；门口的杂草要全部清除，因为门口荒草丛生会给人以衰败、萧条的联想；大门口处不种垂柳，因其不够“正直”；正宅边不种桑树，因为桑梓是野外的代称，恐怕后世子孙荒废家业，也为了避“桑”与“丧”同音之嫌。

情感丰富的中国人，对于家庭尤为重视，因此有了这些约定俗成代代相传的宜忌，这些宜忌是为了家中每一个成员都能在舒适恬逸的环境中身心安顿，续写美好的生活。

第八单元

公正无私即为

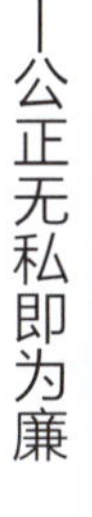

张释之断案

张释之任廷尉的时候，有一次随汉文帝出行。当文帝的龙辇走到渭桥时，突然从旁边蹿出一人，惊吓了文帝的车马，文帝差点从车上摔下来。

文帝惊魂未定，侍从立即把那人抓了起来，文帝命张释之去审理治罪。张释之不敢懈怠，立即对他进行审讯，问道："你究竟是什么人？有什么目的？"此人战战兢兢答道："小人只是一个普通百姓，今天走到这个地方，不想正赶上陛下的车驾。小人看到皇帝的御车和仪仗队伍之后特别害怕，就想赶紧跑开，却不想惊吓了御马，闯了大祸。小人知罪了，还请大人明察！"张释之派人去查探后，确定此人是一个良民，所言非虚，并非是故意冒犯皇帝。于是，对他处以罚金之后就释放了。文帝接到报告，非常生气，他训斥张释之说："此人惊吓了我的车马，差点把我摔伤，你竟然处点罚金之后就释放了，居心何在？"张释之回答道："法律是陛下为天下百姓制定的行为准则，法律既然有明确规定，就得执行；不能因为陛下的意思随意加重刑罚，那样陛下会失信于民，最终法将不法，国将不国。"文帝听后，同意了张释之的判决，并对他加以表彰。

公正无私即为廉

【释析】“公正无私”就是凡事以法律为底线，以道德为标准，以公理为准绳，不谋私利，不阿 [ē] 权贵。

战国・赵奢

人物简介

赵奢，嬴姓，赵氏，名奢，战国时期东方六国的八名将之一。

白起、赵奢、乐毅之属，神于用兵，所向无敌。

——明·唐甄《潜书》

赵奢不畏权贵

赵奢，战国时期赵国大将。赵奢原本是赵国征收田租的小官吏，在任时恪尽职守，一视同仁，从不偏私。有一次，他来到赵惠文王的弟弟平原君家里收取租税，但平原君的管事之人仗势欺人，拒绝交税。于是赵奢依法处置，杀了平原君家的管事之人。

平原君听说之后，怒气冲天，一定要赵奢抵命，以显示他的权势。赵奢得知平原君的想法之后，不但没有畏惧，反而找到平原君，劝说道："您在赵国是贵公子，现在要是纵容您家的管事而不遵奉公家的法令，就会使法令削弱，法令削弱就会使国家衰弱，国家衰弱诸侯就要出兵侵犯，诸侯出兵侵犯赵国就会灭亡，您还怎能保有这些财富呢？以您的地位和尊贵，能奉公守法就会使国家上下公平，上下公平就能使国家强盛，国家强盛赵氏的政权就会稳固，而您身为赵国贵戚，难道还会被天下人轻视吗？"

平原君听了赵奢的这番话，感到非常惭愧，不仅不再责怪赵奢，反而认为赵奢公正无私，不姑息权贵以自保。于是将他推荐给赵王，赵王任用他掌管全国的赋税。此后，全国的赋税越发公平合理，民用富足，国库充实。

追根溯源

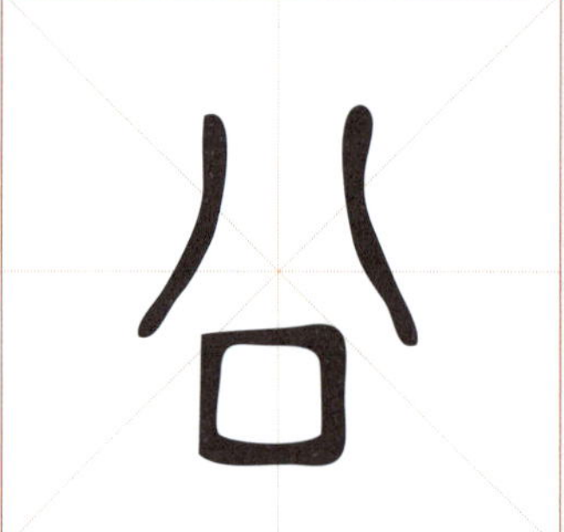

甲骨文

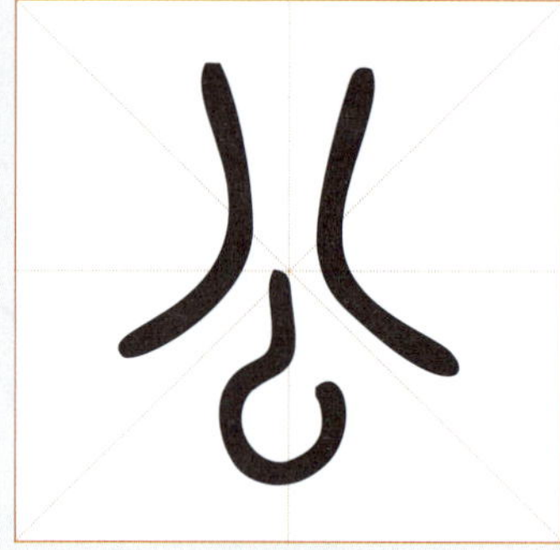

小篆

隶书

楷书

公，平分也。从八、从厶。八犹背也。韩非曰：「背厶为公」。

——《说文解字》

【本　义】公正，平允，无私。

【引申义】共；共同。

成语导读

公而忘私

为人臣者主耳忘身，国耳忘家，公耳忘私，利不苟就，害不苟去，唯义所在。

——《汉书 · 贾谊传》

【释义】耳 [ěr]：表示转折关系，相当于“而”。为了公事，不考虑个人利益。

做臣子的为君主而忘我，为国家而不顾自己家庭，为公利而不考虑私利，面对利益不轻易趋附，见到危险不轻易回避，全都按道义办事。

【找一找】

下面的成语，哪些是“公而忘私”的近义词？哪些是“公而忘私”的反义词？

大公无私	舍己为人	奉公守法
损公肥私	假公济私	自私自利

论语

王孙贾问曰："'与其媚于奥，宁媚于灶。'何谓也？"子曰："不然。获罪于天，无所祷也。"

——《八佾》

【译文】

王孙贾请教："'与其讨好尊贵的奥神，不如讨好当令的灶神。'这句话是什么意思？"孔子说："不是这样的。一个人得罪了天，就没有地方可以祷告了。"

【解读】

王孙贾：卫国大夫，他以流行的成语向孔子请教。"奥"在室内西南角，地位尊贵；"灶"则负责饮食之事，较有实用价值。一般认为，"奥"指卫灵公夫人南子，"灶"指当权大夫弥子瑕。天：孔子接受周人信仰，以天为至高神明与万物主宰。我们可以说一个人凭良心做事"符合"天意，但不能说天意"就是"我们的良心。孔子的话明确地指出：我们的祈祷与获罪，都以天为最后的与最高的对象和评判标准。

子曰："君子和而不同，小人同而不和。"

——《子路》

【译文】

孔子说："君子协调差异，而不强求一致；小人强求一致，而不协调差异。"

【解读】

和：如调味与调音，差异中有原则，可以互相包容与欣赏。

子曰："乡原，德之贼也。"

——《阳货》

【译文】

孔子说："不分是非的好好先生，正是败坏道德风气的小人。"

【解读】

乡原 [yuàn]：每个群体都可能有所谓的"好好先生"，他们谁都不得罪，表面媚俗而心中毫无理想。

菜根谭

市私恩[①]，不如扶公议[②]；结新知，不如敦旧好[③]；立荣名，不如种隐德；尚奇节，不如谨庸行[④]。

【注释】①市：兜售，施予。②公议：关于国家的事情，以公众利益为标准而评议。③敦：重视。④庸行：平常的行为。

【译文】

与其出于私心向人施予恩惠，还不如光明磊落地争取大众公益；与其结交许多不能劝善规过的新朋友，还不如好好经营老朋友间的感情；与其沽名钓誉使人知道，还不如在别人所不见之处积累德行；与其标新立异引人关注，还不如在平日里谨言慎行。

朱柏庐治家格言

清 · 朱用纯

居身务期质朴，教子要有义方。莫贪意外之财，莫饮过量之酒。

【作者简介】

朱柏庐（1627—1698），名用纯，字致一，自号柏庐，清初江苏昆山人，著有《治家格言》。《治家格言》是一篇家教名著，仅522字，精辟地阐明了修身治家之道。

【译文】

自己的生活一定要节俭，以做人的正道来教育子孙。不要贪不属于自己的财物，不要喝过量的酒。

情境剧场

王旦辞带

北宋宰相王旦，生性清心寡欲，居住很是简陋。宋真宗打算为他修缮住宅，王旦以先人旧居为由，恳切辞谢。每有赏赐，见家人摆设于堂下，王旦便叹息说：“老百姓的膏血，怎么能用这么多！”他穿着简单朴素，家属服饰稍有讲究，便闭眼不看。

一天，王旦的弟弟遇到有人卖玉带，于是买下献给王旦。王旦令他系在腰上，问：“还能看到它的好处吗？”弟弟回答说：“系在腰上，怎能看见？”王旦说：“自己负担着重量却让旁人说好，这不也太累了吗！赶快送回去吧。”

王旦一生不购置田宅，他说：“子孙应当知道自立，何必留给他们田宅，白白地让他们为争夺财产而陷于不义！”其兄之子王睦，十分好学，曾献上书信请求举为进士，王旦说：“我常以官位太盛而恐惧，哪能再与寒门之士竞争进身！”到他亡故之时，自己的儿子王素仍旧没有官职。

咬牙封雍齿，计安众将之心；
含泪斩丁公，法正叛臣之罪。

——《幼学琼林·身体》

【译文】汉高祖刘邦咬着牙分封了与自己不和的雍齿，是为了让众将安心而设的计策；含着泪斩了曾有恩于自己的丁公，是秉公执法惩处叛臣。

【典故背景】

咬牙封雍齿：《汉书·高帝纪》记载，汉初封侯时，众将争执不下。刘邦采纳了张良的计策，先分封与自己有过龃[jǔ]龉[yǔ]的雍齿，最终使将士之心安定了下来。

含泪斩丁公：《史记·季布栾布列传》记载，丁公为项羽部将，楚汉战争时他曾放过刘邦一马。项羽兵败后丁公去投奔刘邦，刘邦却以为丁公不忠于项羽，含泪将其斩首。

格律赏析

作酒固难忘曲蘖 [niè]，调羹 [gēng] 必要用盐梅。
月满庾 [yǔ] 楼，据胡床而可玩；
花开唐苑，轰羯 [jié] 鼓以奚催。

——《声律启蒙 · 十灰》

【练一练】

1．“胡床”“羯鼓”分别是什么？这一联描写的是什么时代？

【名联赏析】

闲看秋水心无事；
静听天和兴自浓。

——梁章钜 [jù] 自题

梁章钜生长在明清以来的“书香世业”之家。幼而颖悟，四岁从母开蒙读书，九岁能作诗，博览群书，立志著作，20 岁中举人，28 岁中进士。他于嘉庆十年（1805）任礼部主事，后曾配合林则徐清肃鸦片流毒；调任江苏巡抚期间，严密设防，使英军未敢妄动。他一生忧国忧民，政绩斐然。读此对联，则可见其明澈如水、光风霁 [jì] 月的一面。

律诗与古风

古人对于诗的分类并不十分严苛，总体上大致将诗词划分为“古风”（古体诗）和“格律诗”。其中格律诗包含绝句和律诗，而古风则包含唐以前的乐府民歌、文人诗，以及唐以后文人仿照它的体式而写的诗歌。

按照《唐诗三百首》编者的分类，把诗分为古诗、律诗、绝句三类，又在这三类中都附有乐府一类；古诗、律诗、绝句又各分为五言、七言。而沈德潜所编《唐诗别裁》的分类则稍有不同：他不把乐府独立起来，而是增加了五言长律一类。宋代郭知达所编的《杜甫诗集》就只是简单地分为古风和近体诗两类。

杜甫的律诗和长律以对仗工整闻名于世，然而他写古风也颇有味道。比如千古名篇《兵车行》，为了描写战争的纷乱，人民的疾苦，突出社会矛盾的激烈，他便选择了更适合抒发情感且束缚更少的古风体。而在反映自己羁[jī]縻[mí]于病途的《登高》一诗中，他将格律诗的严谨、铿锵之美发挥至极致，却并没有因音律的限制而影响意境的塑造。中间对仗的两联：“无边落木萧萧下，不尽长江滚滚来。万里悲秋常作客，百年多病独登台。”也成了流传千古的格律诗名句。

人京[1]

明 · 于谦

绢帕麻菇与线香[2]，本资民用反为殃。

清风两袖朝天去，免得闾阎话短长[3]。

【注释】①出自《于谦集》，浙江古籍出版社，2013年版。②绢帕麻菇与线香：是当时比较稀缺的土特产品，通常是官员送给权贵们的贡品。③闾[lǘ]阎[yán]：指里巷内外的门，后借指老百姓。

【译文】

绢帕、麻菇和线香，本应为百姓所用，

如今却被官吏搜刮，反使人民遭殃。

我双手空空，只带着两袖清风去见皇上，

免得被老百姓说闲话，道短长。

【诗在说什么】

这首诗是于谦早期的作品，写成于正统年间。彼时，宦官王振专权，肆无忌惮地索贿受贿，很多大臣争相送礼献媚，以求高官厚禄。唯有于谦，每次进京奏事从不带任何礼品。面对世风日下的现状与

旁人的善意提醒，于谦写下了这首《入京》。充塞其中的是嘲讽，更表达了作者不愿同流合污的心声。

“两袖清风”，这个成语我们至今仍用来称赞清正廉明的官员。“清风两袖朝天去”，令人不禁想起李白“仰天大笑出门去”的潇洒。只是在于谦这里，除了潇洒，更有人格的伟岸。

子曰：“君子有三畏”，人无所畏惧，实在危险。不畏权贵的于谦，所畏者在“闾阎”；只携“清风两袖”进京，所求者在民安、己安。

耿介清廉的于谦，在土木堡之变后力挽狂澜，大破瓦剌军，使大明王朝免于倾覆。在此过程中，于谦不计个人安危，实践着孟子“民为贵，社稷次之，君为轻”的主张，这也为其后来与皇帝生出嫌隙，遭奸臣诬陷而死埋下伏笔。但历史不会忘记于谦，所以《明史》盛赞他：“忠心义烈，与日月争光！”

【想一想】

1. 这首诗抒发了于谦怎样的情感?

【学以致用】

请根据诗词内容，写出最能体现于谦人格操守的两句诗：

______________________，______________________。

追捕逃犯

【道具】

四块蒙眼睛的布条。

【玩法】

1. 根据学生人数分为六组，每组选派一人参赛。

2. 抽签决定两名逃犯、四名警察的扮演者。

3. 角色确认后，用事先准备好的布条蒙住警察的眼睛，警察原地旋转两圈后开始抓捕逃犯。

4. 警察扮演者只要在规定区域内碰触到逃犯，即算获胜。

5. 一轮比赛结束后，根据同样规则进行第二轮。

【思考】

1. 你能看清警察什么时候碰到了逃犯吗？

2. 仅从一个角度能看清所有的角落吗？

【启示】

客观看待问题就是“公正无私”。场外同学要公正判断警察与逃犯的碰触是否有效；同时，无论从任何一个角度观察，都难以避免视觉上的盲区，如何超越个人立场、个人角度，这对“公正无私”提出了更高的要求。

家家养“乌鬼”

杜甫诗中有“家家养乌鬼，顿顿食黄鱼”之句。宋代以前对“乌鬼”的解释，常说这是对云、贵、川地区少数民族“乌蛮族”的称呼；但是这样解释的话，“家家养乌鬼”就不成立了。原来，没有居住过江南水乡的人不知道，所谓乌鬼，就是一种常见的水鸟——鸬[lú]鹚[cí]。

《夔[kuí]州图经》称：“峡中谓鸬鹚为‘乌鬼’，蜀人临水居者，皆养鸬鹚……至今如此。”鸬鹚有着高超的捕鱼本领，在中国，驯养鸬鹚捕鱼已经有了相当久的历史。当渔民发现鱼群时，只一声哨响，鸬鹚便纷纷跃入水中捕鱼，须臾就带着捕到的鱼返回船边；主人取下鱼，鸬鹚又再次下潜去捕鱼。遇到大鱼时，几只鸬鹚会合力捕捉，默契配合，因此古代还常常把鸬鹚作为美满婚姻的象征。结伴的鸬鹚，从营巢孵[fū]卵[luǎn]到哺育幼雏[chú]，它们共同进行，和睦相处，相互体贴。有学者考证《诗经·关雎[jū]》中的“雎鸠”就是鸬鹚。当然不管雎鸠是不是鸬鹚，鸬鹚之间的亲密友好关系总是为人们称颂的。

鸬鹚捕鱼有季节性限制，只能在冬天进行，这是因为冬天水温低，鱼群游动缓慢的缘故。在其他季节，人们并不使用鸬鹚捕鱼，但依然喂养它们，于是鸬鹚和人之间就产生了这样相互信任、相互依存的奇妙关系。不能捕鱼的时候，人们悉心照料着鸬鹚；到了冬季，鸬鹚便为人们尽心尽力地捕鱼。虽然今天受渔业政策限制，不允许无度使用鸬鹚捕鱼，但这一古老的捕鱼方式作为一种文化展示，在特定的景区被保留了下来。那种和谐共处，相互依存的信赖感，真的很美好。

第九单元

见利忘义即为

郦[lì]寄卖友

汉高祖死后，吕后专权，排斥异己，诛杀功臣。不久，吕后也死了，她在遗诏中指定内侄吕产为相国，吕禄统领京都禁卫军。吕氏家族掌权，激起一批开国功臣的不满。太尉周勃与丞相陈平密议对策，他们巧使妙计，把吕党要人郦寄争取了过来，由他去说服吕禄，把兵权还给周勃。

这时，大将军灌婴联合齐王刘襄等刘家军队，正在前往京师诛吕的路上。郦寄与吕禄本是知交，吕禄听了郦寄的劝说，终于把北军的指挥权交给了周勃。前相国曹参的儿子曹窋[zhú]又配合朱虚侯刘章控制了南军，并在未央宫杀死吕产。其余吕氏大官，也都被周勃派人抓获，一一斩首。吕氏势力全部被消灭后，周勃、陈平等大臣迎立代王刘恒为帝，是为汉文帝。在这场诛吕的斗争中，郦寄因功袭父爵为曲周侯，但因他出卖朋友，最终没有逃脱舆论的谴责。

循欲忘理即为耻

【释析】“见利忘义”就是在面对利益时，不问是否该得而一味贪求。“见利忘义”是可耻的行为。

战国·列子

人物简介

列子，名御寇，郑国人，战国时期哲学家、思想家、文学家，道家代表人物。

贪夫殉财兮，烈士殉名。

——汉·贾谊《鹏鸟赋》

列子拒粮

战国时期的列子，生活贫困，面容常有饥色。有人对郑国的高官子阳说起这件事，子阳立即派官吏送给列子米粟。列子对派来的官吏拜了两拜，辞谢了子阳的赐予。

官吏离去后，列子进到屋里，妻子埋怨他说：“我听说作为有道者的妻子儿女，能够享尽逸乐，可是如今我们却连饭都吃不饱。郑相子阳瞧得起先生，才会把食物赠送给先生，可是先生却拒不接受，这难道不是命里注定要忍饥挨饿吗！”

列子笑着对她说：“郑相子阳并不是真正了解我。他因为别人的谈论而派人赠与我米粟，等到他想加罪于我时必定仍会听凭别人的谈论，这就是我不愿接受他赠与米粟的原因。”

列子宁肯贫穷也要远离不义，可以说是能够保持自己操守的人了。

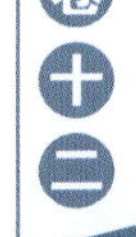

甲骨文

金文

小篆

隶书

利，铦[xiān]也。从刀；和然后利，从和省。《易》曰：「利者，义之和也。」

——《说文解字》

【本　义】锋利。

【引申义】利于；灵便，利落。

成语导读

见利忘义

当孝文之时，天下以郦寄为卖友，卖友者，谓见利而忘义。

——《汉纪 · 高后纪》

【释义】看到有利可图就忘失了道义。

汉孝文帝统治时期，天下人都认为郦寄出卖朋友。出卖朋友的人，就是有利可图就忘失道义的人。

【找一找】

下面的成语，哪些是“见利忘义”的近义词？哪些是“见利忘义”的反义词？

唯利是图　　利令智昏　　见钱眼开

见利思义　　一介不取　　临财不苟

经典诵读

论语

子曰："君子怀德，小人怀土；君子怀刑，小人怀惠。"

——《里仁》

【译文】

孔子说："君子关心的是德行，小人在乎的是产业；君子关心的是规范，小人在乎的是利润。"

【解读】

君子与小人对比，可以看出小人为了产业而忽略德行，为了利润而不惜破坏规范。反之，君子则以德行与规范为重。换言之，小人处于"自我中心"阶段，君子则进入"人我互动"阶段。即使如此，君子仍须努力向"超越自我"阶段提升。

子曰："君子喻于义，小人喻于利。"

——《里仁》

【译文】

孔子说："君子能够领悟的是道义，小人能够领悟的是利益。"

【解读】

像这种君子与小人对举且完全对立的句子，在《论语》中多次出现。实际生活中，我们所见的几乎都是介于二者之间的人。因此，在理解时，要有“动态人生”的观点，即把“君子”视为“立志或努力”成为君子的人，小人则是“无心或放弃”成为君子的人。只有这样理解，才可进而主张：君子若是懈怠，可能沦为小人；小人若是上进，可能脱胎换骨成为君子。如此一来，孔子的教育理念才有实质的作用与效果可言。

子曰：“古之学者为己，今之学者为人。”

——《宪问》

【译文】

孔子说：“古代的学者认真修养自己，现在的学者一心想要炫耀。”

【解读】

古：孔子时代的古今，在今天都算古代了。当时的学者已经有“为人”的缺点，更何况现代？“为己”与“为人”，若能分清本末，未必不可兼顾。

子曰：“君子上达，小人下达。”

——《宪问》

【译文】

孔子说：“君子不断上进，实践道义；小人放纵欲望，追求利益。”

【解读】

上下之分界，表明人生应有目标与理想。不上则下，不进则退。君子与小人的根本区别在于君子求义而小人逐利。

菜根谭

处世而欲人感恩，便为敛怨之道；遇事而为人除害，即是遵利之机[①]。

【注释】①遵：循着。机：关键；枢纽。

【译文】

处世常常要人感恩，就会招来怨恨；遇事能帮人除去祸患，才是真正遵循利益。

示大儿定征

清·陆陇其

读书要将圣贤有用之书为本，而勿但知有时文。要循序渐进，而勿欲速。要体贴到自身上，而勿徒视为取功名之具。

【作者简介】

陆陇其（1630—1692），字稼书，浙江平湖人，学者称其为“当湖先生”，清代理学家。其学术专宗朱熹，排斥陆王，被清廷誉为“本朝理学儒臣第一”，与陆世仪并称“二陆”。其著作有《困勉录》《读书志疑》《三鱼堂文集》等。

【译文】

读书要以圣贤有助于成就德行的书作为根本，不要只知道做些应付考试的文字。要懂得循序渐进，而不是贪多冒进。要懂得把圣贤的言语切身体会，而不是徒然作为取得功名的工具。

九色鹿的故事

在敦煌石窟第257窟的西壁上，有一幅生动的画，讲述了一只九色鹿的故事。

在古老的恒河岸边，生活着一只美丽的九色鹿，它与其他动物悠闲地生活在这片土地上。一天，走在岸边的九色鹿突然听到了河里传来呼救声，一个人正被河流卷入水中，情况危急。于是善良的九色鹿冲进水里，将落水的人救了上来。落水人不断地感谢九色鹿的救命之恩，并说着将来一定会报答的话语。九色鹿拒绝了落水人的感谢，唯一的要求就是希望落水人不要将遇到自己的事情说出去，落水人满口答应之后离开了。当落水人回去之后，刚好遇到国王悬赏狩猎九色鹿。看着丰厚的赏金，落水人将自己对九色鹿的承诺抛之脑后，进入宫殿将见过九色鹿的事情禀告给了国王，随后带领国王的军队去追捕九色鹿。当九色鹿被带到国王面前时，它含泪将自己如何搭救落水人，但落水人却违背誓言的事情告诉给国王。国王听后又气又怒，痛斥了落水人，并且下令放了九色鹿，不许再追捕它。

可憎者，人情冷暖；
可厌者，世态炎凉。

——《幼学琼林 · 岁时》

【译文】最可恨的是人情冷热的转变；最讨厌的是从奉承到冷淡的世情。

【典故背景】

见人有钱有势便巴结趋附，见人失势就冷漠断绝关系，这就是“见利忘义”。

唐朝戴叔伦在《旅次寄湖南张郎中》一诗中说道：“却是梅花无世态，隔墙分送一枝春”，写世间情态好不凄凉。

休对咎，福对灾。象箸 [zhù] 对犀 [xī] 杯。
宫花对御柳，峻阁对高台。
花蓓 [bèi] 蕾 [lěi]，草根荄 [gāi]。
剔 [tī] 藓 [xiǎn] 对剜 [wān] 苔 [tái]。
雨前庭蚁闹，霜后阵鸿哀。

——《声律启蒙·十灰》

【练一练】

1. 请以"宫花""御柳"分别作为上下联的句首拟一副对联，看谁作的辞意通顺，对仗工整。

【名联赏析】

战战兢兢，即生时不忘地狱；
坦坦荡荡，虽忧患亦畅天怀。

——曾国藩自题

文如其人，曾文正公一生奉行"居官以耐烦为第一要义"，主张凡事要勤俭廉正，不可为官自傲。他修身律己，以德求官，礼治为先，以忠谋政，对清王朝的政治、军事、文化、经济等方面都产生了深远的影响。在曾国藩的倡议下，清政府建造了中国第一艘轮船，建立了第一所兵工学堂，印刷翻译了第一批西方书籍，安排了第一批赴美留学生……可以说曾国藩是中国近代化建设的开拓者。

夺诗杀人

初唐诗人宋之问，诗才卓越，其《度大庾岭》一首，对仗工整，辞意俱美。其诗曰：

度岭方辞国，停轺[yáo]一望家。
魂随南翥[zhù]鸟，泪尽北枝花。
山雨初含霁，江云欲变霞。
但令归有日，不敢恨长沙。

据《唐才子传》载：宋之问见外甥刘希夷诗中有“年年岁岁花相似，岁岁年年人不同”两句，喜欢非常，求外甥让给自己；刘希夷不肯，宋之问便派人将外甥活活用装满土的袋子压死！

这个宋之问到底是个什么人呢？《新唐书》记其“伟仪貌，无品”，后世给了他“才华盖世，无耻之尤”的评价。他的一大爱好便是趋炎附势，完全没有文人应具备的风骨。他在做武则天贴身侍者的时候，自感“志事仅得，形骸[hái]两忘”；后来又依附于武氏的内宠二张兄弟，不仅陪宴作诗，甚至为二张捧夜壶。这些都被记载于《新唐书》之中。

由于宋之问对权力的趋附达到了无所不为的地步，因此也很容易被卷入到政治漩涡之中。二张倒台、武后退位，中宗被迎回之时，宋之问即被贬到泷州做参军。后来他秘密逃回了洛阳，躲在朋友张仲之的家中。当得知张仲之与王同皎密谋诛杀武三思的计划后，他居然指使侄子宋昙[tán]向武三思告密。结果王同皎等人被杀，宋之问反而擢[zhuó]升为鸿胪[lú]主簿。一时间，“天下丑其行”。后来武三思被杀，宋之问又靠上表歌颂而获得了赏识，次年迁考功员外郎。后来他又巴结太平公主、安乐公主，终因主持考试受贿被贬。唐玄宗即位后，才终于将其赐死。

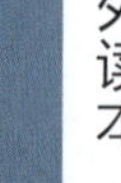

吾富有钱时[①]

唐·王梵志

吾富有钱时，妇儿看我好[②]。吾若脱衣裳，与吾叠袍袄。
吾出经求去[③]，送吾即上道。将钱入舍来，见吾满面笑。
绕吾白鸽旋，恰似鹦鹉鸟。邂逅暂时贫[④]，看吾即貌哨[⑤]。
人有七贫时[⑥]，七富还相报。图财不顾人，且看来时道。

【注释】①选自《全唐诗》，上海古籍出版社，1986 年版。②妇儿：妻子和儿女。③经求：经营求财。④邂逅：不期而至，此处有一旦、偶然之义。⑤貌哨：脸色难看。⑥七：虚指，有多次之义。

【译文】

我富有时，妻子儿女待我非常好。
若我脱下衣服，他们会帮我叠好。
若我出门经营，他们会送我很远。
我带钱进门，他们看我满面堆笑。
像白鸽绕我飞，又如鹦鹉般应和。
我偶尔贫穷时，他们就没了好脸色。
人有多次贫困，也有多次富裕回报。
贪图钱财不顾亲人，等着看以后吧！

【诗在说什么】

人情冷暖是一个永恒的话题。隋末唐初诗人王梵志，以平实笔法，写下了对俗世的观察，对世人的忠告。

主人公作为一家之主，何时何地都应得到“妇儿”尊重，但事实却非如此。诗词前十句，描写了“妇儿”在主人公富足时对他的殷勤之态，若此时戛然而止，倒勉强称得上其乐融融。

但世事无绝对，后六句笔锋一转，绘出“妇儿”另一幅面孔：主人公偶失钱财，“妇儿”没有安慰，只有冷言冷语和慢待。可人生命途并非一成不变，很难想象，“七富还相报”时“妇儿”又当如何自处？

温暖人心的，是爱；一以贯之的，是义。利字当头，误人误己。

【想一想】

1. 诗中“妇儿”对主人公的态度前后有变化吗？如果有，发生变化的原因是什么？

2. 诗人通过这首诗，抒发了怎样的情感？

【学以致用】

根据所学内容，将下列诗句补充完整。

1. ______________，妇儿看我好。

2. ______________，看吾即貌哨。

3. 图财不顾人，______________。

互动游戏

七上八下

【玩法】

1. 根据学生人数确定分组情况，每组率先选出两名学生参赛。

2. 坐定后依次报数：数到 7、14、17、21 等，含有 7 或 7 的倍数的数字时，不直接说出数字，以手指天；同样，数到 8、16、18 等，含有 8 或 8 的倍数的数字时，不直接说出数字，以手指地；违反规则者将被淘汰。

3. 组内成员被淘汰后即选择另外组员参赛，被淘汰者不能重复参赛。

4. 最终，未被淘汰人数最多的小组获胜。

【思考】

1. 请被淘汰的同学思考自己失误的原因在哪里?

2. 面对复杂多变的情况，仅有专注力就足够了吗?

【启示】

如果不想被淘汰，既需要“计数”，也需要“算数”，更需要“听数”；除了培养对数字的敏感度，在日常学习中有意识地加强心算、口算的训练外，眼观六路、耳听八方，甚至一心多用的功夫也是训练之要。“利”与“义”的问题也是如此，鼓励“舍利取义”，反对“见利忘义”，但“义利兼顾”未尝不是最优之选。

国学常识

亡清乃明茶

明朝末年，一支军队徒步经过武夷山桐木村，其中的一个士兵竟以当地一位茶农刚刚采下的一堆茶青为床睡起了大觉。第二天早上，茶农不舍得扔掉这些被焐热、碾压的红色茶叶，便用马尾松烟将茶叶熏制好后，低价出卖。由于这些茶的卖相不好，因此即使价低，也还是在库房积存了一段时间后才全部出手。

谁知到了第二年，有人千里迢迢寻来，专程买这种茶叶。想不到茶叶经过碾压、焐热之后，更易吸收松烟的香气；又经过一段时间的发酵，味道变得更加醇厚，口感更好。于是红茶就这样诞生了，并很快风靡全国。当荷兰人把红茶带往欧洲时，整个欧洲的上流社会沸腾了。1662 年，最富有的殖民主义国家葡萄牙公主凯萨琳嫁给英国国王时，她最引以为傲的嫁妆便是众多金银财宝中的几箱红茶。法国皇后向她请求品尝红茶遭拒，竟派侍卫去偷，结果这位侍卫遭到逮捕。这就是轰动一时的“伦敦红茶案”。

后来越来越多的人醉心于红茶，以致全世界都用真金白银向清朝大量购买茶叶；然而清政府却几乎没有任何东西需要依赖进口。就这样，巨大的贸易逆差惊醒了英国人。当他们送来的毛纺织品等物被清朝官员嘲笑拒绝后，随即找到了叩开中国大门的另一样东西——鸦片。很快，鸦片在中国的风靡程度远远超过了红茶在海外的流行，白银开始大量流失，国库日渐空虚。道光皇帝命令林则徐全面禁查，销毁鸦片，打击了英国私贩的气焰；但英国却以此为借口决定出兵侵华，这就是鸦片战争——清帝国崩溃瓦解的开始。

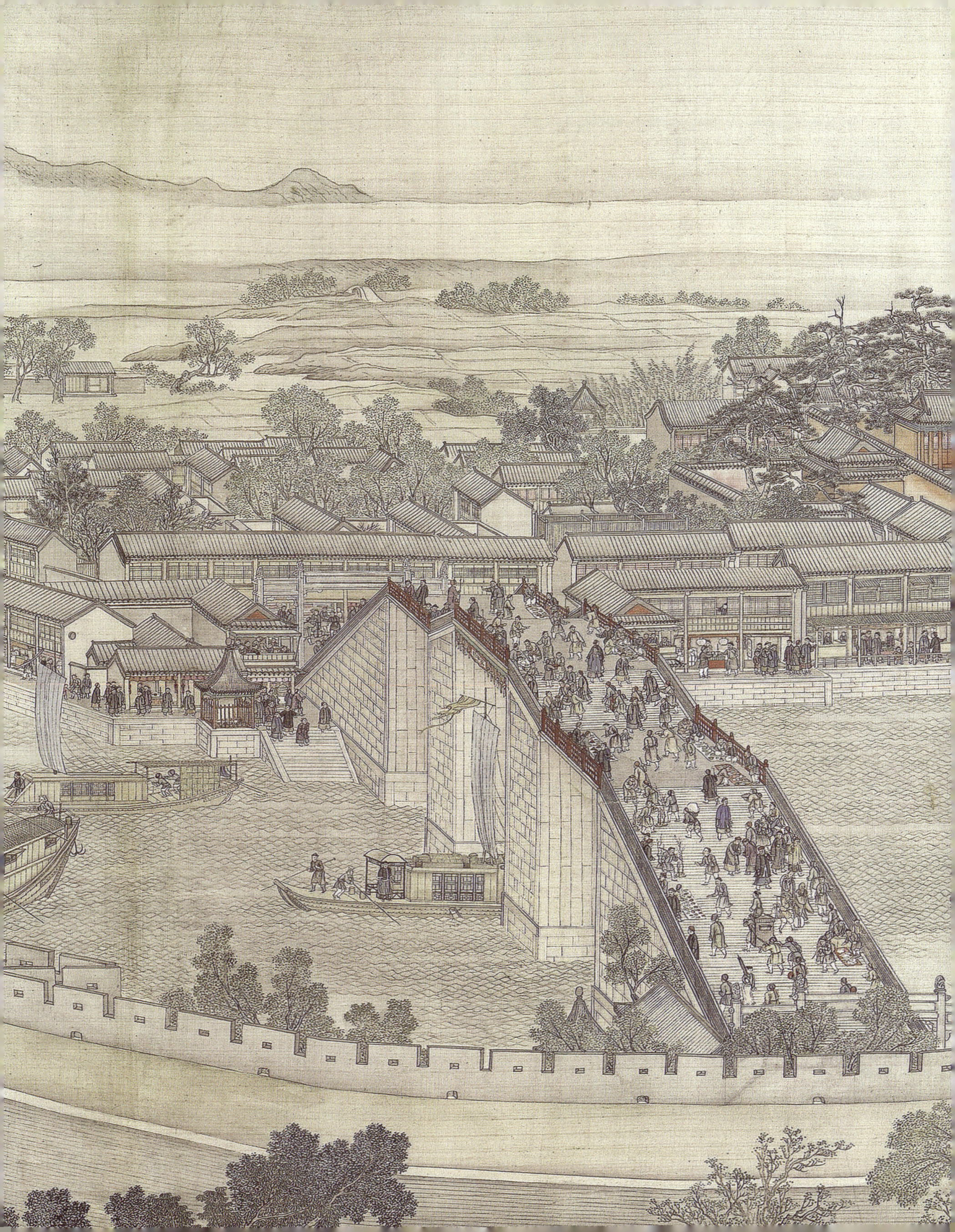

第十单元

勇于决断即为

勇

房谋杜断

唐太宗李世民有两个得力的宰相，一个是尚书左仆射 [yè] 房玄龄，一个是尚书右仆射杜如晦。那时，唐朝开国不久，许多典章法规，都是他们两人商量制定的，人们把他俩并称为“房杜”。《旧唐书》记载：唐太宗同房玄龄研究国事的时候，房玄龄总是能够提出精辟的意见和具体的办法，但是往往不能做决断；这时候，唐太宗就必须把杜如晦请来。而杜如晦一来，将问题略加分析，就立刻肯定了房玄龄的意见和办法。房、杜二人，就是这样一个善于出计谋，一个善于做决断，各具专长而又各有特色，这就是“房谋杜断”。在当时看来，善于谋略和善于决断是不一样的，善于决断往往需要更大的勇气。

品格修养

勇于决断即为勇

【释析】“勇于决断”就是只要事情合乎道理，就能下定决心勇敢作为。

人物链接 三国·孙权

人物简介

孙权（182—252），字仲谋，吴郡富春人，生于下邳[pī]，三国时代东吴的建立者。

性度弘朗，仁而多断，好侠养士，始有知名，侔于父兄矣。

——晋·虞溥《江表传》

孙权决断破曹

三国时，孙权善于招揽人才，礼贤下士。只要是有才能，且愿为他效力的人，他都加以重用。鲁肃、诸葛瑾等人都投奔到他的旗下，得到了他的赏识和重用。公元208年，荆州牧刘表病死，鲁肃建议孙权派他前往荆州，以吊丧为名，联合依附于刘表的刘备，共同对抗曹操。鲁肃与刘备见面说明来意后，刘备表示同意，便派诸葛亮随鲁肃去见孙权。当时，孙权还在犹豫不决。诸葛亮见到孙权后对他分析道：曹操大军压境，再不主动采取措施将会大祸临头。曹军南下作战，非常疲倦，加上他们又不习水战，只要孙、刘联合，一定能将曹操打败。孙权听了这番分析，增强了联刘抗曹的信心。他召集部下商议，周瑜分析了曹军的弱点后，认为曹操犯了用兵大忌，建议孙权给他几万精兵，保证能大获全胜。周瑜的话使孙权抗曹的决心更坚定了。这一年，孙权任命周瑜为左督，鲁肃为赞军校尉，程普为右督，率三万精兵沿江西下，和刘备的军队会合，迎击曹军，这就是史上著名的“赤壁之战”。赤壁之战，曹军大败，魏、蜀、吴三足鼎立的局面形成，后来孙权也在这基础上建立了吴国。

金文

小篆

隶书

楷书

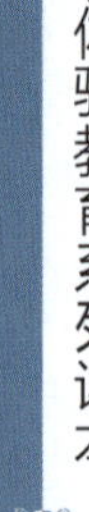

敢，进取也。从𠬪[biào]，古声。

——《说文解字》

【本 义】勇于进取；有勇气；有胆量。

【引申义】侵犯；冒犯。用作谦词，自言冒昧。

成语导读

勇猛果敢

皆内有不仁之性，而外有俊才过绝于人，勇猛果敢，处事不疑。

——《汉书 · 翟 [zhái] 方进传》

【释义】勇敢而有决断。

（翟方进评论后将军朱博等人）都是内里缺乏仁爱之心，表面拥有过人才智，勇敢而有决断，处理事情从不犹疑。

【找一找】

下面的成语，哪些是“勇猛果敢”的近义词？哪些是“勇猛果敢”的反义词？

当机立断	斩钉截铁	应机立断
优柔寡断	当断不断	举棋不定

论语

子曰："非其鬼而祭之，谄也。见义不为，无勇也。"

——《为政》

【译文】

孔子说："不属于自己应该祭祀的鬼神，若是去祭祀，就是谄媚。看到该做的事而没有采取行动，就是懦弱。"

【解读】

古代相信人死为鬼，因此祖先皆称为鬼，受享子孙的祭祀。此外，人还各依身份规定，可以祭祀别的鬼神。孔子并未否定鬼神的存在，只是强调人对鬼神不应有谄媚与求福之心。这里所批评的两件事，分别是"不当为而为"与"当为而不为"，都是人们常犯的错误。

子曰："君子之于天下也，无适也，无莫也，义之与比。"

——《里仁》

【译文】

孔子说："君子立身处世于天下，无所排拒也无所贪慕，完全与道义并肩而行。"

【解读】

适[dí]：亲近、厚待。莫[mù]：疏远、冷淡。义：应行之事。义与道（应行之道）相表里，因此合称"道义"。义的原意是"宜"，指恰到好处，而任何事情要做到恰到好处，都需要符合"应该"的要求。譬如，年轻人给老人让座，就是"宜"，背后的判断即是"应该如此"。怎么判断应该如何呢？这便是择善的问题了。

子曰："君子道者三，我无能焉：仁者不忧，知者不惑，勇者不惧。"子贡曰："夫子自道也。"

——《宪问》

【译文】

孔子说："君子所向往的三种境界，我还没有办法达到：行仁的人不忧虑，明智的人不迷惑，勇敢的人不惧怕。"子贡说："这是老师对自己的描述啊。"

【解读】

道：路也，引申为遵行一定途径所达成的结果，可译为"风格"或"境界"。

菜根谭

清能有容，仁能善断，明不伤察，直不过矫，是谓蜜饯不甜[1]，海味不咸，才是懿德。

【注释】①蜜饯 [jiàn]：民间用糖蜜制成的水果食品。

【译文】

清正廉洁而能容人，宽厚仁爱而善于决断，聪明过人而不妨碍明察秋毫，秉性耿直而又通情达理。这就好比蜜饯甜而不腻，海味咸淡适宜，这才是最美好的品德。

朱子家训

南宋·朱熹

勿损人而利己，勿妒贤而嫉能。勿称忿而报横逆[①]，勿非礼而害物命。见不义之财勿取，遇合理之事则从。

【注释】①称：基于；根据；随着。 横逆：强暴不顺理的行为。

【译文】

不要做损人利己的事，不要妒忌贤德和有能力的人。不要基于忿怒对待蛮不讲理的人，不要违反正当事理而随便伤害人和动物的生命。不要接受不义的财物，遇到合理的事情要勇于作为。

不入虎穴，焉得虎子

东汉时，汉明帝派班超出使西域，与鄯[shàn]善王交好。班超带着一队人马，不怕山高路远，一路跋涉而去。他们千里迢迢，来到了鄯善（位于今新疆维吾尔自治区）。鄯善王听说班超来使，亲自出城迎候，把班超奉为上宾。班超向主人说明了来意，鄯善王很是高兴。

过了几天，匈奴也派使者来和鄯善王联络感情，鄯善王同样热情款待他们。匈奴人在主人面前，说了汉人许多坏话，鄯善王顿时心绪不安。第二天，他拒不接见班超，态度十分冷淡，甚至派兵监视来使一行。班超立刻召集部下商量对策。班超说："只有除掉匈奴使者才能消除主人的疑虑，汉朝和鄯善才能两国交好。"可是班超他们人马不多，而匈奴兵强马壮，又防守严密。大家都很担心，担心万一失败就回不了祖国了。

这时，班超决断说："不入虎穴，焉得虎子！"当天深夜，班超带领士兵潜入到匈奴营地，突袭杀死了全部匈奴人。鄯善王无奈，同时也很钦佩班超的胆量和勇气，便与汉朝交好了。

典故解析

北敌势方强，娄师德八遇八克；
南蛮心未服，诸葛亮七纵七擒。

——《幼学琼林 · 武职》

【译文】唐朝的时候，吐蕃 [bō] 入侵西北边境，娄师德与吐蕃交战，八战八胜；蜀汉时期，南方的少数民族坚忍强横，诸葛亮为了收服孟获，曾七擒七纵。

【典故背景】

娄师德，字宗仁，郑州武原人。唐高宗时，朝廷征召猛士讨伐吐蕃，娄师德自告奋勇戴上红抹额前来应召。后来他率军与吐蕃战于白水涧，连战连胜，勇不可当。其事迹记于《旧唐书》《新唐书》。

《三国志 · 诸葛亮传》记载：蜀汉建兴三年（225），诸葛亮亲率大军平定南中，曾七次生擒孟获，又七次释放，最终使得孟获心悦诚服地感叹道："丞相天威，南人不复反矣！"

格律赏析

元亮南窗今日傲，孙弘东阁几时开。
平展青茵，野外茸茸软草；
高张翠幄 [wò]，庭前郁郁凉槐。

——《声律启蒙 · 十灰》

【想一想】

1. 在文章末联所描写的季节里，各自还有哪些代表性的风物？请列举一二。

【名联赏析】

尽交天下贤豪长者；
常作江山烟月主人。

——包世臣自题

按照官阶来论，包世臣的社会地位并不高，然而他却真正做到了“名动朝野”。因为他将一生所学都运用于如农政、漕运、盐务、河工、银荒、货币以及水利、赋税、吏治、法律、军事等方面。因此，名臣林则徐亦曾向他问过禁烟之计，又同他讨论御英夷之策。他在这一联中所表达的也正是一种交结广阔而胸怀天下的气度。

推　敲

唐朝苦吟派诗人创作诗词的时候，为了其中一个字、词的精妙，可以无限寻思、琢磨，倾尽心血。其中的代表人物贾岛曾花费几年时间创作一首诗；诗成后，他还为此热泪横流。

有一次，大文学家韩愈的官轿经过官道，前面喝道的人发现有人骑着毛驴就闯进了仪仗队，完全如入无人之境。于是官兵便将骑驴人抓了起来，押到韩愈面前。原来，这是贾岛正全神贯注地琢磨一首诗，诗即《题李凝幽居》：

闲居少邻并，草径入荒园。
鸟宿池边树，僧敲月下门。
过桥分野色，移石动云根。
暂去还来此，幽期不负言。

诗虽成，但他有一处拿不定主意，那就是觉得第二句中的“鸟宿池边树，僧推月下门”的“推”应换成“敲”；可他又觉得“敲”也有点不合适，不如“推”好。到底是“敲”还是“推”呢？他边推敲边念叨着，不知不觉就骑着毛驴闯进了韩愈的仪仗队里。问明原委，众人都以为贾岛要被韩愈治罪了，谁知韩愈思索片刻，便轻轻说道：“作‘敲’字佳矣！”因为夜深人静，虽是拜访友人还敲门即表示有礼，而且一个‘敲’字使夜静更深之时多了几分声响，读起来也更为生动。贾岛听了连连点头称赞，不仅没受罚，从此还与韩愈交上了朋友。

从军行[1]

唐·杨炯

烽火照西京[2]，心中自不平。

牙璋辞凤阙[3]，铁骑绕龙城[4]。

雪暗凋旗画[5]，风多杂鼓声。

宁为百夫长[6]，胜作一书生。

【注释】①选自《全唐诗》，上海古籍出版社，1986年版。②烽火：古代边防告急的烟火。西京：长安。③牙璋：古代发兵所用之兵符，分为两块，相合处呈牙状，朝廷和主帅各执其半。此处指代奉命出征的将帅。凤阙[què]：阙名。汉建章宫圆阙上有金凤，故以凤阙指皇宫。④龙城：又称龙庭，在今蒙古国鄂尔浑河的东岸。这里指塞外敌方据点。⑤凋：原意指草木枯败凋零，此指失去了鲜艳色彩。⑥百夫长：泛指下级军官。

【译文】

边塞报警的烽火传到长安城，壮怀激烈心绪难平。

将帅刚刚离开宫城，身着铁甲的士兵就直捣敌营。

大雪纷飞褪去军旗的颜色，狂风中夹杂着战鼓声。

我宁作百夫长冲锋陷阵，也不作无所事事一书生。

【诗在说什么】

诗人杨炯，以明快跳跃、雄浑有力的笔锋，写出心中万丈豪情。

前两句，边关战报传来，敌人频频袭扰，不由得激起仁人志士的报国热情。战争“烽火”已“照”到“西京”，夸张笔法写出了军情的紧急。如此境况，热血男儿自然不能无动于衷。

第三、四句，书生亲眼目睹了军队出征的壮阔场面：沙场点兵，挥师出京。顷刻间，我军将士就来到敌军阵营。将帅威猛、士兵勇敢，我军的气势令敌人胆战心惊。

继而，诗人又从“声色”角度想象前线的战争场景：大雪纷飞，军旗上彩画黯然失色；狂风怒号，夹杂着咚咚的战鼓声。将士们浴血奋战，不畏生死，此情此景，让身在后方的书生奋笔疾书，大喊出心中豪情：“宁为百夫长，胜作一书生！”

【想一想】

1. 请用诗词原句回答：诗中哪些场景是诗人亲眼所见？哪些场景是诗人的想象？

2. “宁为百夫长，胜作一书生”，表达了诗人怎样的情感？

【学以致用】

1. 这首诗中表达诗人投笔从戎、戍边卫国之情的诗句是：

______________，______________。

2. 根据所学内容，将下列诗句补充完整。

______________，风多杂鼓声。

抓落雁

【道具】

沙包或乒乓球等。

【玩法】

1. 根据学生人数进行分组，每轮每组选出两人参赛。

2. 依据事先约定好的方式，决定谁先抛落，谁先接物，三次后交换。

3. 一轮结束后，第二轮各组换人，依次进行。

4. 比赛结束后，统计每组抓“落雁”数量，多者获胜。

【思考】

1. 如何才能准确抓住“落雁”？

2. 在两人组合抓落雁的时候，你们商量过如何配合吗？

【启示】

抓落雁，只凭眼疾手快是不够的；要观察对方的表情，判断对方的动作趋向，从而作出预判并“勇于决断”。

国学常识

“当湖十局”话围棋

世人尝言明清以降，论围棋日本最强，其实不然。清康熙年间的黄龙士，时人称他下棋犹如“韩信用兵，战无不胜”。后来他的两本围棋著作《弈括》和《黄龙士全图》流传到日本，日本棋家看后，惊叹他的战斗力足有“十三段”的水平！黄龙士最负盛名的对局是与徐星友的让三子十局棋。

徐星友曾师从黄龙士，开始黄龙士让徐四子，后来让其三子。这期间，徐星友钻研棋艺达到了废寝忘食的程度，有三年不下楼之说，棋艺得以大进。按实力论，黄龙士这时只能让徐星友二子；可黄龙士自负高棋，硬说还能让徐三子。徐星友非常气愤，就真的与黄龙士下了授三子的十局棋。双方在这十局中殚精竭虑，苦心运筹，几乎达到以命相搏的地步，所以后人便将这十局棋称为“血泪篇”。

黄龙士一生独步天下，与人对局多是让子，因此他的棋力到底有多强，也没人说得清楚，这对他和中国围棋来说，都是一大遗憾。相比之下，范西屏和施襄夏并世而出，互为对手，就比黄龙士幸运得多了。

范、施二人是继黄龙士之后中国棋坛的日月双星，他们俩本是同乡，年龄又相仿，从小便在一起下棋，互相知根知底。乾隆四年(1739)，他们两人受当湖人张永年之邀，前往授艺。张永年请他们两人对局以为示范，我国围棋史上著名的"当湖十局"便由此而生。"当湖十局"（其实是十三局，现存十一局，施以六比五领先）是范西屏、施襄夏一生中最精妙的杰作，也是中国古代围棋对局中的巅峰之作。后人评价"虽寥寥十局，妙绝千古"，"若两先生者，真无愧棋圣之名"。范、施二人的棋力旗鼓相当，但棋风却大相径庭。施襄夏是长考派，对局时常锁眉沉思，半天不落一子；范西屏则挥洒自如，落子如飞，有时落子之后便去酣睡，似乎完全不把棋局放在心上。所以有人将范比作李白，仙气飘飘；施则是杜甫，沉稳实在。

dì yī dān yuán
第一单元

lún yǔ
论语

zǐ huá shǐ yú qí, rǎn zǐ wèi qí mǔ qǐng sù. zǐ yuē: "yǔ zhī fǔ." qǐng yì. yuē: "yǔ zhī yǔ." rǎn zǐ yǔ zhī sù wǔ bǐng. zǐ yuē: "chì zhī shì qí yě, chéng féi mǎ, yì qīng qiú. wú wén zhī yě: jūn zǐ zhōu jí bú jì fù."

子华使于齐，冉子为其母请粟。子曰：“与之釜。”请益。曰：“与之庾。”冉子与之粟五秉。子曰：“赤之适齐也，乘肥马，衣轻裘。吾闻之也：君子周急不继富。”

yōng yě
——《雍也》

yuán sī wéi zhī zǎi, yǔ zhī sù jiǔ bǎi, cí. zǐ yuē: "wú! yǐ yǔ ěr lín lǐ xiāng dǎng hū!"

原思为之宰，与之粟九百，辞。子曰：“毋！以与尔邻里乡党乎！”

yōng yě
——《雍也》

zǐ yuē: "rú yǒu zhōu gōng zhī cái zhī měi, shǐ jiāo qiě lìn, qí yú bù zú guān yě yǐ."

子曰：“如有周公之才之美，使骄且吝，其余不足观也已。”

tài bó
——《泰伯》

cài gēn tán
菜根谭

fèi qiān jīn ér jié nà xián háo shú ruò qīng bàn piáo zhī
费千金而结纳贤豪，孰若倾半瓢之
sù yǐ jì jī è zhī rén gòu qiān yíng ér zhāo lái bīn kè
粟，以济饥饿之人；构千楹而招来宾客，
shú ruò qì shù chuán zhī máo yǐ bì gū hán zhī shì
孰若葺数椽之茅，以庇孤寒之士。

bǐng yín suì jì dì zhí
丙寅岁寄弟侄

míng wáng fū zhī
明·王夫之

tiān xià shèn dà tiān xià rén shèn duō fù sì wǒ zhě
天下甚大，天下人甚多，富似我者，
pín sì wǒ zhě ruò sì wǒ zhě qiān qiān wàn wàn shàng rán ruò
贫似我者，弱似我者，千千万万。尚然弱
zhě bù kě dù jì qiáng zhě qiáng zhě bù kě qī líng ruò zhě hé
者不可妒忌强者，强者不可欺凌弱者，何
kuàng zì jǐ gǔ ròu yǒu pín ruò zhě dāng shēng lián niàn fú
况自己骨肉。有贫弱者，当生怜念，扶
zhù ān shēng yǒu fú qiáng zhě dāng shēng huān xǐ xīn wú jiā
助安生；有福强者，当生欢喜心，吾家
xìng yǒu cǐ rén chēng chí mén hù
幸有此人撑持门户。

yòu xué qióng lín cháo tíng
幼学琼林·朝廷

yǐ dé xíng rén zhě wàng yǐ lì jiǎ rén zhě bà
以德行仁者王，以力假仁者霸。

shēng lǜ qǐ méng · jiǔ jiā

声律启蒙·九佳

fēng duì jiǎn, děng duì chā。 bù ǎo duì jīng chāi。 yàn háng

丰对俭，等对差。布袄对荆钗。雁行

duì yú zhèn, yú sài duì lán yá。 tiāo jì nǚ, cǎi lián wá。

对鱼阵，榆塞对兰崖。挑荠女，采莲娃。

jú jìng duì tái jiē。 shī chéng liù yì bèi, yuè zòu bā yīn xié。

菊径对苔阶。诗成六义备，乐奏八音谐。

pín jiāo xíng

贫交行

táng · dù fǔ

唐·杜甫

fān shǒu wéi yún fù shǒu yǔ, fēn fēn qīng bó hé xū shǔ。

翻手为云覆手雨，纷纷轻薄何须数。

jūn bú jiàn guǎn bào pín shí jiāo, cǐ dào jīn rén qì rú tǔ。

君不见管鲍贫时交，此道今人弃如土。

dì èr dān yuán

第二单元

lún yǔ

论语

zǐ yuē: "lǐ rén wéi měi, zé bù chǔ rén, yān dé zhì?"

子曰："里仁为美，择不处仁，焉得知？"

lǐ rén

——《里仁》

zǐ yuē: "sān rén xíng, bì yǒu wǒ shī yān: zé qí

子曰："三人行，必有我师焉：择其

善者而从之，其不善者而改之。”

——《述而》

孔子曰：“益者三友，损者三友。友直，友谅，友多闻，益矣。友便辟，友善柔，友便佞，损矣。”

——《季氏》

孔子曰：“见善如不及，见不善如探汤。吾见其人矣，吾闻其语矣。隐居以求其志，行义以达其道。吾闻其语矣，未见其人也。”

——《季氏》

菜根谭

千载奇逢，无如好书良友；

一生清福，只在碗茗炉烟。

zhū zǐ jiā xùn
朱子家训

nán sòng zhū xī
南宋·朱熹

yǒu dé zhě nián suī xià yú wǒ wǒ bì zūn zhī
有德者，年虽下于我，我必尊之；
bú xiào zhě nián suī gāo yú wǒ wǒ bì yuǎn zhī
不肖者，年虽高于我，我必远之。

yòu xué qióng lín péng yǒu bīn zhǔ
幼学琼林·朋友宾主

yào zhī zhǔ bīn lián yǐ qíng xū jìn dōng nán zhī měi
要知主宾联以情，须尽东南之美；
péng yǒu hé yǐ yì dāng zhǎn qiē sī zhī chéng
朋友合以义，当展切偲之诚。

shēng lǜ qǐ méng jiǔ jiā
声律启蒙·九佳

zào lǜ lì āi qín fǎ kù zhī yīn rén shuō zhèng shēng
造律吏哀秦法酷，知音人说郑声
wā tiān yù fēi shuāng sài shàng yǒu hóng háng yǐ guò yún jiāng
哇。天欲飞霜，塞上有鸿行已过；云将
zuò yǔ tíng qián duō yǐ zhèn xiān pái
作雨，庭前多蚁阵先排。

jì hán cháo zhōu yù
寄韩潮州愈

táng jiǎ dǎo
唐·贾岛

cǐ xīn céng yǔ mù lán zhōu zhí dào tiān nán cháo shuǐ tóu
此心曾与木兰舟，直到天南潮水头。

隔岭篇章来华岳，出关书信过泷流。
峰悬驿路残云断，海浸城根老树秋。
一夕瘴烟风卷尽，月明初上浪西楼。

第三单元

论语

孔子谓季氏，“八佾舞于庭，是可忍也，孰不可忍也？”

——《八佾》

三家者以《雍》彻。子曰：“‘相维辟公，天子穆穆’，奚取于三家之堂？”

——《八佾》

子贡欲去告朔之饩羊。子曰：“赐也！尔爱其羊，我爱其礼。”

——《八佾》

cài gēn tán
菜根谭

shī gǔ bù shī jīn，shě jǔ shì gòng qū zhī zhé；
师古不师今，舍举世共趋之辙；
yī fǎ bù yī rén，zūn shí háo chǐ wèn zhī tú。
依法不依人，遵时豪耻问之涂。

xùn zǐ yǔ shàng
训子语 上

míng zhāng lǚ xiáng
明·张履祥

shì wú dà xiǎo，bì yǒu chéng fǎ。xún zhī，wéi lì jì yì，zhōng yān wú bì；wéi zhī，wéi lì suī láo，zhōng bì shī zhī。
事无大小，必有成法。循之，为力既易，终焉无敝；违之，为力虽劳，终必失之。

yòu xué qióng lín · suì shí
幼学琼林·岁时

jiǔ qiū shòu yù hán zhī fú，zì gǔ yǐ rán；
九秋授御寒之服，自古已然；
sān yuè shàng tà qīng zhī xié，yú jīn bù gǎi。
三月上踏青之鞋，于今不改。

shēng lǜ qǐ méng · jiǔ jiā
声律启蒙·九佳

chéng duì shì，xiàng duì jiē。pò wū duì kōng jiē。táo zhī duì guì yè，qì yǐn duì qiáng wō。méi kě wàng，jú kān huái。jì lù duì gāo chái。huā cáng gū jiǔ shì，zhú yìng dú shū zhāi。
城对市，巷对街。破屋对空阶。桃枝对桂叶，砌蚓对墙蜗。梅可望，橘堪怀。季路对高柴。花藏沽酒市，竹映读书斋。

jié fù yín

节妇吟

táng zhāng jí

唐·张籍

jūn zhī qiè yǒu fū, zèng qiè shuāng míng zhū;
君知妾有夫，赠妾双明珠；
gǎn jūn chán mián yì, xì zài hóng luó rú.
感君缠绵意，系在红罗襦。
qiè jiā gāo lóu lián yuàn qǐ, liáng rén zhí jǐ míng guāng lǐ.
妾家高楼连苑起，良人执戟明光里。
zhī jūn yòng xīn rú rì yuè, shì fū shì nǐ tóng shēng sǐ.
知君用心如日月，事夫誓拟同生死。
huán jūn míng zhū shuāng lèi chuí, hèn bù xiāng féng wèi jià shí.
还君明珠双泪垂，恨不相逢未嫁时。

dì sì dān yuán

第四单元

lún yǔ

论语

zǐ yuē: shì qí suǒ yǐ, guān qí suǒ yóu, chá qí suǒ ān. rén yān sōu zāi? rén yān sōu zāi?

子曰：“视其所以，观其所由，察其所安。人焉廋哉？人焉廋哉？”

wéi zhèng

——《为政》

zǐ yuē: rén zhī guò yě, gè yú qí dǎng. guān guò, sī zhī rén yǐ.

子曰：“人之过也，各于其党。观过，斯知仁矣。”

lǐ rén

——《里仁》

子谓子贱，“君子哉若人！鲁无君子者，斯焉取斯？”

——《公冶长》

子贡问曰：“赐也何如？”子曰：“女，器也。”曰：“何器也？”曰：“瑚琏也。”

——《公冶长》

菜根谭

非盘根错节，何以别攻木之利器；非贯石饮羽，何以明射虎之精诚；非颠沛横逆，何以验操守之坚定。

袁氏世范

南宋·袁采

人之德性出于天资者，各有所偏。君子知其有所偏，故以其所习为而补之，则为全德之人。常人不自知其偏，以其所偏

ér zhí qíng jìng xíng　gù duō shī
而直情径行，故多失。

yòu xué qióng lín · péng yǒu bīn zhǔ
幼学琼林·朋友宾主

bó yá jué xián shī zǐ qī　gèng wú zhī yīn zhī bèi
伯牙绝弦失子期，更无知音之辈；
guǎn níng gē xí jù huà xīn　wèi fēi tóng zhì zhī rén
管宁割席拒华歆，谓非同志之人。

shēng lǜ qǐ méng · jiǔ jiā
声律启蒙·九佳

mǎ shǒu bù róng gū zhú kòu　chē lún zhōng jiù luò yáng mái
马首不容孤竹扣，车轮终就洛阳埋。
cháo zǎi jǐn yī　guì shù wū xī zhī dài　gōng rén bǎo jì　yí zān bái yàn zhī chāi
朝宰锦衣，贵束乌犀之带；宫人宝髻，宜簪白燕之钗。

fàng yán wǔ shǒu · qí yī
放言五首·其一

táng · bái jū yì
唐·白居易

zhāo zhēn mù wěi hé rén biàn　gǔ wǎng jīn lái dǐ shì wú
朝真暮伪何人辨，古往今来底事无。
dàn ài zāng shēng néng zhà shèng　kě zhī nìng zǐ jiě yáng yú
但爱臧生能诈圣，可知宁子解佯愚。
cǎo yíng yǒu yào zhōng fēi huǒ　hé lù suī tuán qǐ shì zhū
草萤有耀终非火，荷露虽团岂是珠。
bù qǔ fán chái jiān zhào shèng　kě lián guāng cǎi yì hé shū
不取燔柴兼照乘，可怜光彩亦何殊。

dì wǔ dān yuán
第五单元

lún yǔ
论语

zǐ xià yuē xián xián yì sè shì fù mǔ néng jié qí lì shì jūn néng zhì qí shēn yǔ péng yǒu jiāo yán ér yǒu xìn suī yuē wèi xué wú bì wèi zhī xué yǐ

子夏曰：“贤贤易色；事父母，能竭其力；事君，能致其身；与朋友交，言而有信。虽曰未学，吾必谓之学矣。”

xué ér
——《学而》

zǐ shǐ qī diāo kāi shì duì yuē wú sī zhī wèi néng xìn zǐ yuè

子使漆雕开仕。对曰：“吾斯之未能信。”子说。

gōng yě cháng
——《公冶长》

zǐ yuē rén yuǎn hū zāi wǒ yù rén sī rén zhì yǐ

子曰：“仁远乎哉？我欲仁，斯仁至矣。”

shù ér
——《述而》

zǐ yuē jūn zǐ jí mò shì ér míng bú chèn yān

子曰：“君子疾没世而名不称焉。”

wèi líng gōng
——《卫灵公》

cài gēn tán
菜根谭

qiú jiàn zhī yú rén shì yì, qiú zhēn zhī yú zì jǐ nán;
求见知于人世易，求真知于自己难；
qiú fěn shì yú ěr mù yì, qiú wú kuì yú yǐn wēi nán.
求粉饰于耳目易，求无愧于隐微难。

tíng xùn gé yán
庭训格言

qīng xuán yè
清·玄烨

rén wéi yì xīn, qǐ wéi niàn lǜ. niàn lǜ zhī zhèng yǔ bú zhèng, zhǐ zài qǐng kè zhī jiān. ruò yí niàn bú zhèng, qǐng kè ér zhī zhī, jí cóng ér zhèng zhī, zì bú zhì lí dào zhī yuǎn.
人惟一心，起为念虑。念虑之正与不正，只在顷刻之间。若一念不正，顷刻而知之，即从而正之，自不至离道之远。

yòu xué qióng lín suì shí
幼学琼林·岁时

zì kuì wú chéng, yuē xū yán suì yuè;
自愧无成，曰虚延岁月；
yǔ rén gòng yǔ, yuē shǎo xù hán xuān.
与人共语，曰少叙寒暄。

shēng lǜ qǐ méng shí huī
声律启蒙·十灰

zēng duì sǔn, bì duì kāi. bì cǎo duì cāng tái. shū qiān duì bǐ jià, liǎng yào duì sān tái. zhōu shào hǔ, sòng huán tuí. làng yuàn duì péng lái. xūn fēng shēng diàn gé, hào yuè zhào lóu tái.
增对损，闭对开。碧草对苍苔。书签对笔架，两曜对三台。周召虎，宋桓魋。阆苑对蓬莱。薰风生殿阁，皓月照楼台。

chán
蝉

táng yú shì nán
唐·虞世南

chuí ruí yǐn qīng lù　liú xiǎng chū shū tóng
垂緌饮清露，流响出疏桐。

jū gāo shēng zì yuǎn　fēi shì jiè qiū fēng
居高声自远，非是藉秋风。

dì liù dān yuán
第六单元

lún yǔ
论语

zēng zǐ yuē　kě yǐ tuō liù chǐ zhī gū　kě yǐ jì
曾子曰：“可以托六尺之孤，可以寄

bǎi lǐ zhī mìng　lín dà jié ér bù kě duó yě　jūn zǐ rén
百里之命，临大节而不可夺也——君子人

yú　jūn zǐ rén yě
与？君子人也。”

tài bó
——《泰伯》

dìng gōng wèn　yì yán ér kě yǐ xīng bāng　yǒu zhū
定公问：“一言而可以兴邦，有诸？”

kǒng zǐ duì yuē　yán bù kě yǐ ruò shì qí jī yě　rén zhī
孔子对曰：“言不可以若是其几也。人之

yán yuē　wéi jūn nán　wéi chén bú yì　rú zhī wéi jūn
言曰：‘为君难，为臣不易。’如知为君

zhī nán yě　bù jī hū yì yán ér xīng bāng hū
之难也，不几乎一言而兴邦乎？”

曰："一言而丧邦，有诸？"孔子对曰："言不可以若是其几也。人之言曰：'予无乐乎为君，唯其言而莫予违也。'如其善而莫之违也，不亦善乎？如不善而莫之违也，不几乎一言而丧邦乎？"

——《子路》

菜根谭

平居息欲调身，临大节则达生委命；齐家量入为出，徇大义则芥视千金。

朱子家训

南宋·朱熹

君之所贵者，仁也。臣之所贵者，忠也。父之所贵者，慈也。子之所贵者，孝也。兄之所贵者，友也。弟之所贵者，恭也。夫之所贵者，和也。妇之所贵者，柔

yě shì shī zhǎng guì hū lǐ yě jiāo péng yǒu guì hū xìn yě
也。事师长贵乎礼也，交朋友贵乎信也。

yòu xué qióng lín cháo tíng
幼学琼林·朝廷

táng fàng xūn dé pèi hào tiān suì dòng huà fēng zhī sān zhù
唐放勋德配昊天，遂动华封之三祝；
hàn tài zǐ ēn tán shào hǎi nǎi xīng yuè fǔ zhī sì gē
汉太子恩覃少海，乃兴乐府之四歌。

shēng lǜ qǐ méng shí huī
声律启蒙·十灰

què mǎ hàn wén sī bà xiàn tūn huáng táng tài jì yí zāi
却马汉文思罢献，吞蝗唐太冀移灾。
zhào yào bā huāng hè hè lì tiān qiū rì zhèn jīng bǎi lǐ hōng
照耀八荒，赫赫丽天秋日；震惊百里，轰
hōng chū dì chūn léi
轰出地春雷。

shí yī yuè sì rì fēng yǔ dà zuò qí èr
十一月四日风雨大作（其二）

nán sòng lù yóu
南宋·陆游

jiāng wò gū cūn bú zì āi shàng sī wèi guó shù lún tái
僵卧孤村不自哀，尚思为国戍轮台。
yè lán wò tīng fēng chuī yǔ tiě mǎ bīng hé rù mèng lái
夜阑卧听风吹雨，铁马冰河入梦来。

dì qī dān yuán
第七单元

lún yǔ
论语

mèng wǔ bó wèn xiào zǐ yuē fù mǔ wéi qí jí zhī
孟武伯问孝。子曰：“父母唯其疾之
yōu
忧。”

wéi zhèng
——《为政》

zēng zǐ yǒu jí zhào mén dì zǐ yuē qǐ yú zú
曾子有疾，召门弟子曰：“启予足！
qǐ yú shǒu shī yún zhàn zhàn jīng jīng rú lín shēn
启予手！《诗》云‘战战兢兢，如临深
yuān rú lǚ bó bīng ér jīn ér hòu wú zhī miǎn fú
渊，如履薄冰。’而今而后，吾知免夫，
xiǎo zǐ
小子！”

tài bó
——《泰伯》

kāng zǐ kuì yào bài ér shòu zhī yuē qiū wèi
康子馈药，拜而受之。曰：“丘未
dá bù gǎn cháng
达，不敢尝。”

xiāng dǎng
——《乡党》

zǐ wèi yú kuāng yán yuān hòu zǐ yuē wú yǐ rǔ
子畏于匡，颜渊后。子曰：“吾以女

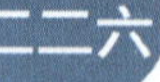

wéi sǐ yǐ　yuē　zǐ zài　huí hé gǎn sǐ
为死矣。”曰：“子在，回何敢死？”

xiān jìn
——《先进》

cài gēn tán
菜根谭

yāo qiān bǎi rén zhī huān　bù rú shì yì rén zhī yuàn
邀千百人之欢，不如释一人之怨；

xī qiān bǎi shì zhī róng　bù rú miǎn yí shì zhī chǒu
希千百事之荣，不如免一事之丑。

zhū zǐ jiā xùn
朱子家训

nán sòng · zhū xī
南宋·朱熹

shèn wù tán rén zhī duǎn　qiè mò jīn jǐ zhī cháng　chóu zhě yǐ yì jiě zhī　yuàn zhě yǐ zhí bào zhī　suí suǒ yù ér ān zhī
慎勿谈人之短，切莫矜己之长。仇者以义解之，怨者以直报之，随所遇而安之。

yòu xué qióng lín · shēn tǐ
幼学琼林·身体

zhì ruò fà fū bù gǎn huǐ shāng　zēng zǐ cháng yǐ shǒu shēn wéi dà　dài rén xū dāng liàng dà　shī dé guì yú tuò miàn zì gān
至若发肤不敢毁伤，曾子常以守身为大；待人须当量大，师德贵于唾面自干。

shēng lǜ qǐ méng · shí huī
声律启蒙·十灰

shā duì shuǐ　huǒ duì huī　yǔ xuě duì fēng léi　shū yín
沙对水，火对灰。雨雪对风雷。书淫

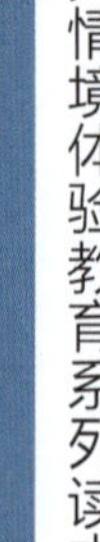

duì zhuàn pǐ　shuǐ hǔ duì yán wēi　gē jiù qǔ　niàng xīn pēi
对传癖，水浒对岩隈。歌旧曲，酿新醅。
wǔ guǎn duì gē tái　chūn táng jīng yǔ fàng　qiū jú ào shuāng kāi
舞馆对歌台。春棠经雨放，秋菊傲霜开。

gǎn yù shí èr shǒu · qí yī
感遇十二首·其一

táng zhāng jiǔ líng
唐·张九龄

lán yè chūn wēi ruí　guì huā qiū jiǎo jié
兰叶春葳蕤，桂华秋皎洁。
xīn xīn cǐ shēng yì　zì ěr wéi jiā jié
欣欣此生意，自尔为佳节。
shuí zhī lín qī zhě　wén fēng zuò xiāng yuè
谁知林栖者，闻风坐相悦。
cǎo mù yǒu běn xīn　hé qiú měi rén zhé
草木有本心，何求美人折？

dì bā dān yuán
第八单元

lún yǔ
论语

wáng sūn jiǎ wèn yuē　yǔ qí mèi yú ào　nìng mèi yú zào　hé wèi yě　zǐ yuē　bù rán　huò zuì yú tiān　wú suǒ dǎo yě
王孙贾问曰：“‘与其媚于奥，宁媚于灶。’何谓也？”子曰：“不然。获罪于天，无所祷也。”

bā yì
——《八佾》

zǐ yuē jūn zǐ hé ér bù tóng xiǎo rén tóng ér bù hé
子曰："君子和而不同，小人同而不和。"

zǐ lù
——《子路》

zǐ yuē xiāng yuàn dé zhī zéi yě
子曰："乡原，德之贼也。"

yáng huò
——《阳货》

cài gēn tán
菜根谭

shì sī ēn bù rú fú gōng yì jié xīn zhī bù rú dūn jiù hǎo lì róng míng bù rú zhòng yǐn dé shàng qí jié bù rú jǐn yōng xíng
市私恩，不如扶公议；结新知，不如敦旧好；立荣名，不如种隐德；尚奇节，不如谨庸行。

zhū bó lú zhì jiā gé yán
朱柏庐治家格言

qīng zhū yòng chún
清·朱用纯

jū shēn wù qī zhì pǔ jiào zǐ yào yǒu yì fāng mò tān yì wài zhī cái mò yǐn guò liàng zhī jiǔ
居身务期质朴，教子要有义方。莫贪意外之财，莫饮过量之酒。

yòu xué qióng lín shēn tǐ
幼学琼林·身体

yǎo yá fēng yōng chǐ jì ān zhòng jiàng zhī xīn
咬牙封雍齿，计安众将之心；

hán lèi zhǎn dīng gōng fǎ zhèng pàn chén zhī zuì
含泪斩丁公，法正叛臣之罪。

shēng lǜ qǐ méng shí huī
声律启蒙·十灰

zuò jiǔ gù nán wàng qū niè tiáo gēng bì yào yòng yán méi yuè mǎn yǔ lóu jù hú chuáng ér kě wán huā kāi táng yuàn hōng jié gǔ yǐ xī cuī

作酒固难忘曲蘖，调羹必要用盐梅。月满庾楼，据胡床而可玩；花开唐苑，轰羯鼓以奚催。

rù jīng
入京

míng yú qiān
明·于谦

juàn pà má gū yǔ xiàn xiāng
绢帕麻菇与线香，

běn zī mín yòng fǎn wéi yāng
本资民用反为殃。

qīng fēng liǎng xiù cháo tiān qù
清风两袖朝天去，

miǎn dé lǘ yán huà duǎn cháng
免得闾阎话短长。

dì jiǔ dān yuán
第九单元

lún yǔ
论语

zǐ yuē jūn zǐ huái dé xiǎo rén huái tǔ jūn zǐ huái xíng xiǎo rén huái huì

子曰："君子怀德，小人怀土；君子怀刑，小人怀惠。"

lǐ rén
——《里仁》

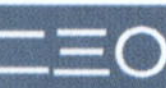

zǐ yuē jūn zǐ yù yú yì xiǎo rén yù yú lì
子曰："君子喻于义，小人喻于利。"

lǐ rén
——《里仁》

zǐ yuē gǔ zhī xué zhě wèi jǐ jīn zhī xué zhě wèi rén
子曰："古之学者为己，今之学者为人。"

xiàn wèn
——《宪问》

zǐ yuē jūn zǐ shàng dá xiǎo rén xià dá
子曰："君子上达，小人下达。"

xiàn wèn
——《宪问》

cài gēn tán
菜根谭

chǔ shì ér yù rén gǎn ēn biàn wéi liǎn yuàn zhī dào
处世而欲人感恩，便为敛怨之道；

yù shì ér wèi rén chú hài jí shì zūn lì zhī jī
遇事而为人除害，即是遵利之机。

shì dà ér dìng zhēng
示大儿定征

qīng lù lǒng qí
清·陆陇其

dú shū yào jiāng shèng xián yǒu yòng zhī shū wéi běn ér wù dàn zhī yǒu shí wén yào xún xù jiàn jìn ér wù yù sù yào tǐ tiē dào zì shēn shàng ér wù tú shì wéi qǔ gōng míng zhī jù
读书要将圣贤有用之书为本，而勿但知有时文。要循序渐进，而勿欲速。要体贴到自身上，而勿徒视为取功名之具。

幼学琼林·岁时

可憎者，人情冷暖；
可厌者，世态炎凉。

声律启蒙·十灰

休对咎，福对灾。象箸对犀杯。宫花对御柳，峻阁对高台。花蓓蕾，草根荄。剔藓对剜苔。雨前庭蚁闹，霜后阵鸿哀。

吾富有钱时

唐·王梵志

吾富有钱时，妇儿看我好。
吾若脱衣裳，与吾叠袍袄。
吾出经求去，送吾即上道。
将钱入舍来，见吾满面笑。
绕吾白鸽旋，恰似鹦鹉鸟。
邂逅暂时贫，看吾即貌哨。

rén yǒu qī pín shí，qī fù huán xiāng bào。
人有七贫时，七富还相报。
tú cái bú gù rén，qiě kàn lái shí dào。
图财不顾人，且看来时道。

dì shí dān yuán
第十单元

lún yǔ
论语

zǐ yuē：“fēi qí guǐ ér jì zhī，chǎn yě。jiàn yì bù wéi，wú yǒng yě。”
子曰：“非其鬼而祭之，谄也。见义不为，无勇也。”

wéi zhèng
——《为政》

zǐ yuē：“jūn zǐ zhī yú tiān xià yě，wú dí yě，wú mù yě，yì zhī yǔ bì。”
子曰：“君子之于天下也，无适也，无莫也，义之与比。”

lǐ rén
——《里仁》

zǐ yuē：“jūn zǐ dào zhě sān，wǒ wú néng yān：rén zhě bù yōu，zhì zhě bú huò，yǒng zhě bú jù。”zǐ gòng yuē：“fū zǐ zì dào yě。”
子曰：“君子道者三，我无能焉：仁者不忧，知者不惑，勇者不惧。”子贡曰：“夫子自道也。”

xiàn wèn
——《宪问》

cài gēn tán
菜根谭

qīng néng yǒu róng, rén néng shàn duàn, míng bù shāng chá,
清能有容，仁能善断，明不伤察，
zhí bú guò jiǎo, shì wèi mì jiàn bù tián, hǎi wèi bù xián, cái
直不过矫，是谓蜜饯不甜，海味不咸，才
shì yì dé.
是懿德。

zhū zǐ jiā xùn
朱子家训

nán sòng zhū xī
南宋·朱熹

wù sǔn rén ér lì jǐ, wù dù xián ér jí néng. wù chèn
勿损人而利己，勿妒贤而嫉能。勿称
fèn ér bào hèng nì, wù fēi lǐ ér hài wù mìng. jiàn bú yì zhī
忿而报横逆，勿非礼而害物命。见不义之
cái wù qǔ, yù hé lǐ zhī shì zé cóng.
财勿取，遇合理之事则从。

yòu xué qióng lín · wǔ zhí
幼学琼林·武职

běi dí shì fāng qiáng, lóu shī dé bā yù bā kè;
北敌势方强，娄师德八遇八克；
nán mán xīn wèi fú, zhū gě liàng qī zòng qī qín.
南蛮心未服，诸葛亮七纵七擒。

声律启蒙·十灰

元亮南窗今日傲，孙弘东阁几时开。平展青茵，野外茸茸软草；高张翠幄，庭前郁郁凉槐。

从军行

唐·杨炯

烽火照西京，心中自不平。
牙璋辞凤阙，铁骑绕龙城。
雪暗凋旗画，风多杂鼓声。
宁为百夫长，胜作一书生。